Mietrecht
in Österreich
7. Auflage

Tipps zur
Wohnungssuche

Makler,
Provisionen
und Verträge

Ihre Rechte
als Mieter

Verein für Konsumenteninformation (Hrsg.)
Martin Gruber

Mietrecht
in Österreich
7. Auflage

Impressum

Herausgeber
Verein für Konsumenteninformation (VKI)
Linke Wienzeile 18, 1060 Wien
ZVR-Zahl 389759993
Tel. 01 588 77-0, Fax 01 588 77-73, E-Mail: konsument@vki.at
www.vki.at | www.konsument.at

Geschäftsführung
Dr. Josef Kubitschek
Mag. Dr. Rainer Spenger

Autor
Martin Gruber

Lektorat
Doris Vajasdi

Produktion
Günter Hoy

Foto Umschlag
VKI

Druck
Holzhausen Druck GmbH,
2120 Wolkersdorf

Bestellungen
KONSUMENT Kundenservice
Mariahilfer Straße 81, A-1060 Wien
Tel. 01 588 774, Fax 01 588 77-72
E-Mail: kundenservice@konsument.at

Bibliografische Information der Deutschen Nationalbibliothek
Die Deutsche Nationalbibliothek verzeichnet diese Publikation in der
Deutschen Nationalbibliografie; detaillierte bibliografische Daten
sind im Internet über http://dnb.d-nb.de abrufbar.

Verein für
Konsumenteninformation
ISBN 978-3-99013-070-4

€ 19,90

Die Suche nach einer neuen Wohnung beginnt meist recht unkompliziert: Man schlägt den Anzeigenteil einer Zeitung auf oder schaut sich im Internet um und findet eine ganze Reihe vielversprechender Wohnungsangebote. Aber spätestens bei den ersten Besichtigungen tauchen viele Fragen auf: Was ist ein Anbot, was ein Besichtigungsschein? Wer darf wie viel Provision verlangen? Entsprechen Mietzins und Ablöse dem marktüblichen Standard? Zudem drängen Makler und Vermieter meist auf eine rasche Entscheidung.

Haben Sie schließlich eine Wohnung nach Ihrem Geschmack gefunden, so gilt es, zu wissen, welche Pflichten Ihr Vermieter hat. Nur so können Sie sich auch wehren, falls Ihre Rechte verletzt werden.

Wir haben dem Kapitel Mietzinsbildung breiten Raum gewidmet und ein kritisches Auge auf die Abrechnung und Kontrolle der Betriebskosten geworfen. Wann ein Mietverhältnis endet und wer in Ihre Mietrechte eintreten darf, wird ebenfalls ausführlich dargelegt.

Sämtliche Novellierungen des Mietrechtsgesetzes sind berücksichtigt. Auf die Besonderheiten bei vermieteten Einfamilienhäusern wird in den einzelnen Kapiteln jeweils hingewiesen. Am Ende des Buches finden Sie einen Serviceteil mit umfangreichem Adressmaterial.

Ihr KONSUMENT-Team

Inhalt

Wohnformen, Wohnungssuche, Makler, BTVG

- Die verschiedenen Wohnformen
- Tipps zu Wohnungssuche und Umgang mit Immobilienmaklern
- Das Bauträgervertragsgesetz (BTVG)

Wohnformen

Eigentum

Das Eigentum ist die stärkste Rechtsposition eines Wohnungsnutzers. Der Eigentümer kann sein Eigentum nicht nur selbst nutzen, sondern auch verkaufen oder vermieten. Sämtliches Eigentum an Liegenschaften ist im öffentlich zugänglichen Grundbuch eingetragen. Das Grundbuch wird am örtlich zuständigen Bezirksgericht geführt und kann während der Amtsstunden eingesehen werden. Das Hauptbuch ist in ganz Österreich auf automationsgestützte Datenverarbeitung umgestellt und kann auch über das Internet abgefragt werden. Notare, Rechtsanwälte, Gemeinden, Kreditinstitute usw. haben jedenfalls entsprechende EDV-Anschlüsse an die Grundbuchdatenbank.

Alleineigentum und Miteigentum

Neben dem Alleineigentum an Liegenschaften gibt es auch das Miteigentum und, als dessen Sonderform, das Wohnungseigentum. Das Eigentumsrecht zwischen Miteigentümern ist nach Bruchteilen aufgeteilt, das heißt, jeder Miteigentümer hat nach ideellen Anteilen Eigentum an der gesamten Liegenschaft und den darauf befindlichen Gebäuden.

Während der Alleineigentümer seine Liegenschaft zivilrechtlich uneingeschränkt nutzen kann, bedarf es im Fall einer Miteigentümergemeinschaft einer Benützungsregelung (-vereinbarung) zwischen sämtlichen Miteigentümern. Kommt eine derartige Einigung nicht zustande, kann über Antrag auch das Gericht eine Benützungsregelung aussprechen. Hier wird von „schlichtem Miteigentum" gesprochen, es ist kein Wohnungseigentum begründet.

Wohnungseigentum

Das Wohnungseigentum ist eine Sonderform des Miteigentums. Mit dem ideellen Miteigentumsanteil an der Liegenschaft wird das ausschließliche Nutzungsrecht an einem bestimmten Objekt verbunden. Die Rechts-

Wer darf welche Wohnung nutzen?

Nach dem Tod des bisherigen Eigentümers erben die drei Kinder je ein Drittel der Liegenschaft samt darauf befindlichem Gebäude mit zwei Wohnungen. Wollen die Erben die Liegenschaft behalten und auch selbst nutzen, so müssen sie jetzt untereinander eine Benützungsregelung treffen: Wer darf welche der beiden Wohnungen in welchem Zeitraum nutzen? Da gleichzeitig immer nur zwei eine Wohnung nutzen können, steht dem Dritten eine entsprechender finanzieller Ausgleich zu.

stellung des Wohnungseigentümers ist in einem speziellen Gesetz, dem Wohnungseigentumsgesetz 2002 (WEG), geregelt und wird hier nicht behandelt.

Allein-, Mit- und Wohnungs- eigentum

Wohnungseigentum wird erst mit Eintragung ins Grundbuch begründet, Sie finden dann in der Kopfzeile des Grundbuchauszuges den Vermerk „Wohnungseigentum". Wenn im Folgenden von einer vermieteten Eigentumswohnung gesprochen wird (hier gelten eine Reihe von Sonderregelungen), so handelt es sich jeweils um Wohnungen, an denen bereits Wohnungseigentum durch Eintragung im Grundbuch begründet worden ist.

Fruchtgenuss und Wohnrecht

Neben dem Eigentum gibt es noch zwei Wohnformen mit ähnlich starker Rechtsposition: Fruchtgenuss und Wohnrecht.

Der Fruchtgenuss ist das vom Liegenschaftseigentümer zugunsten einer anderen Person eingeräumte Recht, eine Liegenschaft oder einen Teil davon zu nutzen oder zu vermieten, nicht aber zu verkaufen. Der Fruchtgenussberechtigte ist ein sogenannter „wirtschaftlicher" Eigentümer. Das Fruchtgenussrecht wird meistens im Grundbuch eingetragen, damit ist es auch für Dritte ersichtlich.

Das Wohnrecht nach § 521 ABGB (Allgemeines Bürgerliches Gesetzbuch) ist das einer Person eingeräumte Recht, eine Wohnung auf Lebenszeit zu benutzen, nicht aber, sie zu vermieten. Auch das Wohnrecht kann im Grundbuch eingetragen werden.

Miete

Von Miete spricht man, wenn jemand einem anderen vertraglich die Benutzung eines Mietobjektes (ohne dessen Substanz aufzubrauchen) gegen Entgelt gestattet. Dabei ist zwischen Haupt- und Untermiete zu unterscheiden.

Hauptmiete

Ein Hauptmietvertrag liegt vor, wenn der Vermieter Alleineigentümer oder alleiniger Fruchtgenussberechtigter der Liegenschaft ist. Dasselbe gilt, wenn Sie vom Mieter oder Pächter eines ganzen Hauses mieten, auch hier liegt Hauptmiete vor. Steht die Liegenschaft im Eigentum mehrerer Miteigentümer, so liegt bei der Vermietung durch die Mehrheit ein Hauptmietverhältnis vor. Die „Mehrheit" bezieht sich immer auf die Eigentumsanteile laut Grundbuch. Die Vermietung durch einen Minderheitseigentümer führt dagegen im Regelfall zu einem Untermietverhältnis.

Im Falle der Vermietung einer Eigentumswohnung begründet der Wohnungseigentümer, auch wenn er nur Minderheitseigentümer der gesamten Liegenschaft ist, ebenfalls Hauptmietrechte. Gehört eine Eigentumswohnung zwei Personen (Eigentümerpartnerschaft), so müssen beide im Vertrag als Vermieter aufscheinen, damit ein Hauptmietverhältnis begründet wird.

Haupt- und Untermiete

Untermiete

Beim Untermietvertrag hat der Vermieter seinerseits auch nur ein vertraglich eingeräumtes Recht an der vermieteten Sache. Zum Beispiel: Der Hauptmieter vermietet zwei Räume seiner Wohnung an einen Untermieter. Bei schlichtem Miteigentum begründet der Minderheitseigentümer (ohne Sondervereinbarungen) bei einer Vermietung immer Untermiete.

Ein besonderes Problem ergibt sich im Fall der sogenannten Scheinuntermiete. Mehr darüber ▶ Seite 62.

Genossenschaftswohnung

Mit dem etwas ungenauen Begriff „Genossenschaftswohnung" werden Wohnungen bezeichnet, die von einer gemeinnützigen Bauvereinigung – Genossenschaft oder Kapitalgesellschaft – errichtet und vermietet werden. Da die Bauvereinigung hier Liegenschaftseigentümerin ist, schließt sie Hauptmietverträge ab. Genossenschaften vermieten im Regelfall nur an ihre Mitglieder, die Genossenschafter. Der Mietinteressent muss daher der Genossenschaft als Mitglied beitreten und den Geschäftsanteil laut Satzung (mindestens 216 Euro) bezahlen. Der Mietvertrag wird häufig als „sonstiger Nutzungsvertrag" bezeichnet, ist aber rechtlich gesehen ein normaler Hauptmietvertrag.

Vom „Genossenschaftsanteil" zu unterscheiden ist der „Finanzierungsbeitrag", der auch 30.000 Euro und mehr betragen kann. Diese Einmalzahlung bei Mietbeginn wird als Mietzinsvorauszahlung für 100 Jahre behandelt; d.h., sie wird jährlich um ein Prozent vermindert.

Genossenschaftsanteil und Finanzierungsbeitrag

Die Anerkennung einer Genossenschaft oder Kapitalgesellschaft als gemeinnützige Bauvereinigung erfolgt nach den Bestimmungen des Wohnungsgemeinnützigkeitsgesetzes 1979 (WGG). In diesem Gesetz sind auch die Bestimmungen für die Höhe des Entgelts und die Erhaltungspflichten der Vermieter bei „Genossenschaftswohnungen" genau geregelt. Näheres dazu in unserem Buch „Genossenschaftswohnungen".

„Rückzahlung des Finanzierungsbeitrags"

Sie haben beim Erstbezug einer Wohnung im Jahr 2004 z.B. 20.000 Euro als Finanzierungsbeitrag bezahlt. Jährlich werden 200 Euro (1 % von 20.000) als Vorauszahlung verrechnet. Im Jahr 2016, nach zwölf Jahren, ziehen Sie wieder aus und bekommen 17.600 Euro von der Bauvereinigung zurück.

Geförderte Wohnung

Unter diesem Begriff werden Wohnungen verstanden, die mit Wohnbauförderungsmitteln errichtet worden sind. Ein Großteil der gefördert errichteten Mietwohnungen sind Gemeinde- und Genossenschaftswohnungen. Daneben gibt es Förderungsmittel auch für die Errichtung von Eigentumswohnungen im Mehrgeschoßbau. Für die Vergabe dieser Wohnungen gelten Einkommensgrenzen (nach Bundesland verschieden) und der Mieter muss seine bisherige Wohnung aufgeben.

In Wien liegt der Schwerpunkt des geförderten Neubaus in letzter Zeit auf sogenannten „Smart"-Wohnungen. Deren Nutzfläche ist etwas kleiner, dafür sind sie kostengünstiger. Sowohl der Finanzierungsbeitrag als auch der laufende Mietzins ist etwas geringer. Die meisten neuen Smart-Wohnungen werden von gemeinnützigen Bauvereinigungen errichtet und sind daher „Genossenschaftswohnungen".

Mietkaufmodelle

Um die Kosten eines Wohnungserwerbs geringer zu halten, wurde Ende der Achtzigerjahre des vergangenen Jahrhunderts für den geförderten Wohnungsneubau ein neues Modell entwickelt. Die Wohnungen werden zunächst als Mietwohnungen errichtet und gefördert. Nach Ablauf von zehn Jahren können die Mieter entscheiden, ob sie ihre bisherige Mietwohnung als Eigentumswohnung erwerben wollen.

Aufgrund der Umsatzsteuerregelungen können die Wohnungen nach zehn Jahren billiger erworben werden. Die Käufer kennen als bisherige Mieter bereits sowohl das Haus als auch die Wohnumgebung. Aufgrund von Änderungen bei der Umsatzsteuer wird dieser Preisvorteil in rund fünf Jahren aber Geschichte sein.

Geförderte Mietwohnungen mit Kaufoption werden sowohl von gemeinnützigen Bauvereinigungen als auch von gewerblichen Bauträgern angeboten.

Gemeindewohnung

Entgegen einer weitverbreiteten Ansicht handelt es sich bei Gemeindewohnungen im gesetzlichen Sinn um ganz normale Hauptmietwohnungen. Es gelten daher auch die allgemeinen mietrechtlichen Bestimmungen. Die Gemeinde ist in diesen Fällen Hauseigentümerin und Vermieterin der Wohnungen. Gemeinden vergeben solche Wohnungen in der

Zunächst mieten, dann kaufen

Regel an sozial Schwache, doch handelt es sich dabei um eine freiwillige Regelung. Es besteht kein Rechtsanspruch auf eine Gemeindewohnung, da die Vermietung nicht zu den hoheitlichen Aufgaben einer Gemeinde gehört.

Wohngemeinschaft

Unter Wohngemeinschaft wird allgemein das Zusammenleben mehrerer nicht verwandter Personen verstanden. Aus welchen Gründen es dazu kommt, ist mietrechtlich unerheblich. Maßgeblich ist jedoch, welche Rechtsstellung die einzelnen Personen der Wohngemeinschaft haben. Für Wohngemeinschaften in Mietwohnungen bestehen insgesamt drei Möglichkeiten, einen Mietvertrag abzuschließen:

Verschiedene Modelle

- Nur ein Wohngemeinschafts-Mitglied mietet die Wohnung, die anderen sind Untermieter. Verlässt nun der einzige Mieter die Wohnung, so müssen unter Umständen auch die anderen ausziehen.
- Alle Wohngemeinschafts-Mitglieder unterschreiben den Mietvertrag, sind daher gleichberechtigte Mitmieter und haften für den Mietzins. Will einer der Mitmieter aus dem gemeinsamen Mietvertrag aussteigen, müssen alle anderen, der Vermieter und die Mitmieter, zustimmen. Hier gibt es oft Probleme! (Näheres ► Seite 48).
- Über jeden Raum wird ein einzelner Mietvertrag mit dem Vermieter abgeschlossen. Es bestehen daher mehrere getrennte Mietverträge mit dem Vermieter. Jeder Vertrag kann gesondert gekündigt werden, die übrigen sind davon nicht betroffen.

Andere Wohnformen

Aus der Vielzahl rechtlich denkbarer Wohnformen werden hier drei weitere kurz beschrieben, die jedoch alle keinen besonderen mietrechtlichen Schutz genießen.

Prekarium

Ein Prekarium (auch Bittleihe genannt) ist ein Vertrag, mit dem jemand einem anderen die Benützung einer Sache, hier einer Wohnung, unentgeltlich und gegen jederzeitigen Widerruf erlaubt. Die Überwälzung der Wohnungsbetriebskosten (Gas, Strom usw.) ist jedenfalls zulässig, ohne dass deshalb ein entgeltliches Mietverhältnis entsteht. Die Form des Prekariums darf jedoch nicht der Umgehung des MRG (vor allem des Kündigungsschutzes) dienen. Die Abgrenzung zu einem Mietverhältnis ist oft nicht leicht zu treffen. Zum einen kommt es darauf an, ob jederzeitiger Widerruf des Benützungsrechtes vereinbart wurde; zum anderen darauf, welche Kosten vom Prekaristen zu tragen sind.

Familienhaftes Wohnen

Darunter werden hauptsächlich die Wohnverhältnisse bei Ehegatten und im Verhältnis Kinder – Eltern verstanden. Die Eltern haben im Rahmen der Unterhaltspflicht ihren Kindern auch eine Wohnmöglichkeit zu gewähren. Erlischt die Unterhaltspflicht der Eltern, so entfällt auch die Pflicht zur Beistellung einer Wohnmöglichkeit. Über Aufforderung der Eltern muss das Kind dann die Wohnung verlassen. Da die hier auftretenden Probleme eng mit dem Unterhaltsanspruch verknüpft sind, wird an dieser Stelle nicht näher darauf eingegangen.

Heime und Beherbergungsbetriebe

Hier liegen meist gemischte Verträge vor, die einerseits die Raumüberlassung und andererseits weitere Leistungen wie z.B. die Verpflegung betreffen. Für derartige Verträge gelten keine Mieterschutzbestimmungen.
Nur für Studentenheime gibt es ein eigenes Studentenheimgesetz (BGBl. 291/1986).

Wohnungssuche

Vor Beginn der eigentlichen Wohnungssuche sollten die persönlichen Bedürfnisse abgeklärt werden:

- Ist eine Wohnung im Alt- oder Neubau erwünscht oder soll ein Einfamilienhaus gemietet werden?
- Wo soll das Objekt gelegen sein und in welchem Stockwerk soll sich die Wohnung befinden?
- Soll der Vertrag befristet oder unbefristet sein?
- Wie hoch darf die Miete sein? Welche Größe und Ausstattung wäre ideal?
- Kommt vielleicht auch eine Gemeinde- bzw. Genossenschaftswohnung infrage? Auskünfte über die Voraussetzungen dafür erteilen die jeweiligen Gemeinden bzw. Genossenschaften.

Persönlichen Bedarf definieren

Unerlässlich ist es, die eigenen finanziellen Möglichkeiten zu kennen und diese realistisch einzuschätzen! Ist bei der Anmietung eine hohe Ablöse an den Vormieter oder ein Finanzierungsbeitrag für eine Neubauwohnung zu leisten, werden Sie nicht darum herumkommen, mit Ihrer Bank über eine Kreditaufnahme zu sprechen.

Bei der Kalkulation „Was kann ich monatlich leisten?" sind neben Kreditraten und Miete auch die weiteren laufenden Wohnkosten wie Heizung, Strom, Gas, Telefon usw. zu berücksichtigen. Sind zwei Einkommen vorhanden, sollte eines nicht zur Gänze für die Kreditrückzahlung verplant werden. Der Verlust eines Arbeitsplatzes kann sonst zu erheblichen Schwierigkeiten führen.

Erstellen einer Checkliste

Als günstig hat es sich erwiesen, anhand der persönlichen Vorstellungen und Möglichkeiten eine umfassende Checkliste zu erstellen. Bei einer konkreten Wohnungsbesichtigung ist dann eine weitere Liste anzufertigen, in die die Eigenschaften und Daten der angebotenen Wohnung aufgenommen werden. So wird der genaue Vergleich zwischen den persönlichen Vorstellungen und dem Angebot möglich und erleichtert die Entscheidung.

Darüber hinaus sollten auch folgende Überlegungen bei der Wohnungssuche beachtet und am besten als eigene Punkte in die Checklisten aufgenommen werden:

- Können alle zukünftigen Bewohner ihre Wohn- und Lebensbedürfnisse in der neuen Wohnung erfüllen?
- Welche Adaptierungsarbeiten und Umbauten (Kosten!) sind nötig?
- Passen die vorhandenen Möbel auch in diese Wohnung oder dieses Haus?
- Wie ist der Allgemeinzustand des Hauses (Fassade, Dach, Keller)? Ist in nächster Zukunft mit Sanierungsarbeiten zu rechnen, kann dies für die Mieter zu erheblichen Mehrkosten führen.
- Ist der Arbeitsplatz/die Schule leicht erreichbar?
- Ist ein Anschluss an öffentliche Verkehrsmittel in der Nähe?
- Ist die Nahversorgung für Güter des täglichen Bedarfs und die ärztliche Versorgung ausreichend?
- Gibt es potenzielle Störquellen wie nahe gelegene Betriebe, Straßen, laute Nachbarn (Gaststätten)?
- Welche Erholungs- und Freizeiteinrichtungen befinden sich in der Nähe?

Tipps zur Wohnungssuche und Wohnungsbesichtigung

Richtig suchen und auswählen

- Nehmen Sie sich auf jeden Fall genügend Zeit für die Wohnungssuche. Berücksichtigen Sie dies vor allem, wenn Sie Ihre bisherige Wohnung wegen Ablauf der befristeten Mietdauer räumen müssen.
- Bei der Suche auf dem privaten Wohnungsmarkt hat es sich bewährt, neben dem Studium von Zeitungsinseraten auch im Bekanntenkreis zu verbreiten, dass eine neue Unterkunft gesucht wird.
- Im Internet finden Sie eine Vielzahl von Immobilienplattformen mit Wohnungsangeboten. Neben Maklern (zur Provision ▶ Seite 31) bieten aber manchmal auch private Vermieter

selbst Wohnungen an, hier fällt keine Provision an. Es kommt auch vor, dass der bisherige Mieter einen Nachmieter sucht, wenn er ausziehen will. Klären Sie zunächst ab, ob er überhaupt ein Weitergaberecht oder nur ein Vorschlagsrecht hat (▸ Seite 51).

- Suchen Sie eine geförderte Neubauwohnung, können Sie auch bei der Wohnbauförderungsstelle des Bundeslandes laufende Projekte erfragen.
- Auch die Kontaktaufnahme mit einem oder mehreren Immobilienmaklern kann manchmal hilfreich sein. Sie geben die von Ihnen gewünschten Konditionen bekannt und sobald der Makler eine entsprechende Wohnung anbieten kann, verständigt er Sie. Zur Vermeidung von Schwierigkeiten sind beim Umgang mit Maklern allerdings gewisse Vorsichtsmaßnahmen zu beachten (▸ Seite 22).

Die Besichtigung der Wohnung/des Hauses sollte – vor Abgabe einer verbindlichen Zusage – mit allen künftigen Bewohnern gemeinsam und in Ruhe erfolgen. Vom Makler oder Wohnungsabgeber keinesfalls drängen lassen!

Besichtigung der Wohnung

Besichtigen Sie die Wohnung bzw. Wohnumgebung zumindest zu zwei unterschiedlichen Tageszeiten und unter der Woche sowie am Wochenende. Nur so erhalten Sie einen realistischen Eindruck von der Umgebung.

Unglaublich günstiges Angebot – Hände weg!

Es kommt immer wieder vor, dass Wohnungen im Internet zu unglaublich günstigen Konditionen angeboten werden. Im Netz finden Sie auch Fotos dazu, alles scheint perfekt. Wollen Sie mit dem Wohnungsabgeber in Kontakt treten, stellt sich rasch heraus, dass er angeblich leider gerade im Ausland ist. Er kann auch in nächster Zeit nicht kommen, weil ihn berufliche oder familiäre Pflichten binden. Dann kommt der Vorschlag, die Kaution und die erste Monatsmiete doch per Bargeldtransfer zu überweisen; gleich nach Einlangen bekämen Sie die Wohnungsschlüssel. Lassen Sie sich darauf ein, sind Sie im Regelfall einem Betrüger in die Falle gegangen. Das Geld ist weg, die Wohnungsschlüssel bekommen Sie nie.

- Auf die Dienste von Adressbüros sollte besser verzichtet werden, da diese nur die Adressen vermietbarer Wohnungen gegen vorherige Bezahlung verkaufen. Es wird keine Gewähr dafür übernommen, dass ein Mietvertrag zustande kommt. Falls im vereinbarten Zeitraum keine passende Wohnung gefunden wird, hat der Wohnungssuchende keine weiteren Rechte mehr. Das bezahlte Geld ist unwiederbringlich verloren!
- Vorgelegte Verträge oder Vereinbarungen genau durchlesen! Wird der Vertragstext nicht oder nur teilweise verstanden, sollte auf jeden Fall zunächst fachliche Beratung eingeholt werden. Eine unüberlegte Unterschrift kann teuer kommen!
- Bevor Sie ein neues Mietverhältnis anbahnen, überprüfen Sie, zu welchen Bedingungen sich Ihr derzeitiges Mietverhältnis beenden lässt (► Seite 126).

Der Energieausweis

Mit Ausnahme ganz weniger Fälle (Abbruchobjekte, provisorische Bauten, Badehütten etc.) ist bei der Vermietung einer Wohnung oder eines Eigenheimes vom Vermieter ein Energieausweis vorzulegen und dem Mieter zu übergeben. Der Energieausweis enthält relevante Daten zur Gesamtenergieeffizienz des Gebäudes bzw. des Nutzungsobjektes, die sich aus vergleichbaren (standardisierten) Berechnungen zur Energieeffizienz von Gebäuden ergeben. Mietinteressenten sollen damit in die Lage versetzt werden, ihre Entscheidung verstärkt auch von den energietechnischen Eigenschaften eines Nutzungsobjektes abhängig zu machen.

Vorlagepflicht

In Umsetzung einer EU-Richtlinie (Gebäuderichtlinie 2010) ist mit 1. Dezember 2012 in Österreich das Energieausweis-Vorlagegesetz (EAVG 2012) in Kraft getreten, das deutlich strengere Vorschriften enthält als seine Vorgängerregelung.

In allen Inseraten (Druck oder elektronische Medien) mit Anboten zur Vermietung von Wohnungen oder Eigenheimen ist der Heizwärmebedarf (HWB) und der Gesamtenergieeffizienz-Faktor (fGEE) anzugeben. Diese Verpflichtung trifft den Vermieter, aber auch einen beauftragten Immobilienmakler, wenn dieser das Inserat schaltet. Die Unterlassung dieser Angaben stellt eine Verwaltungsübertretung dar und ist mit einer Verwaltungsstrafe zu ahnden. Bereits vor Vertragsabschluss ist Mietinteressenten der Energieausweis zu zeigen und längstens binnen 14 Tagen nach Vertragsabschluss hat der Vermieter dem Mieter eine vollständige Kopie des Energieausweises auszuhändigen. Der Energieausweis darf höchstens zehn Jahre alt sein. Wird vom Vermieter kein Energieausweis vorgelegt und/oder der Energieausweis nicht dem Mieter übergeben, stellt auch dies eine Verwaltungsübertretung dar und ist entsprechend zu bestrafen.

Aktueller Energieausweis

Hat ein Vermieter nach Vertragsabschluss keinen Energieausweis übergeben, stehen einem Mieter überdies auch zivilrechtliche Möglichkeiten offen. Er kann den Vermieter auf Herausgabe des Ausweises gerichtlich klagen oder selber einen Energieausweis einholen und den Ersatz der dabei entstandenen Kosten binnen drei Jahren gegen den Vermieter geltend machen.

Die Verpflichtung zur Übergabe kann auch nicht dadurch umgangen werden, dass der Mieter eine Verzichtserklärung unterschreibt. Diesbezügliche Gewährleistungsbeschränkungen sind seit dem Inkrafttreten des EAVG 2012 (auch bei Verkäufen von privat an privat) nicht mehr möglich.

Eine Sonderbestimmung sieht das EAVG 2012 für Einfamilienhäuser vor. Hier steht dem Vermieter neben der Einholung eines eigenen Energieausweises auch die Möglichkeit offen, einen Energieausweis über ein vergleichbares Gebäude vorzulegen. Dies wird häufig bei Fertigteilhäusern vorkommen. Die Vergleichbarkeit bezieht sich auf die ähnliche Gestaltung, Größe und Energieeffizienz der Gebäude, und der Ausweisersteller muss die Vergleichbarkeit (auch hinsichtlich Lage und Standortklima) bestätigen.

Wird nur eine Wohnung in einem Gebäude vermietet, erfüllt auch ein Energieausweis für das gesamte Gebäude die Anforderungen des Gesetzes. Im Regelfall liegt bei der Hausverwaltung ein entsprechender Energieausweis für das gesamte Gebäude auf, auch bei Eigentumswohnungshäusern. Soll eine Wohnung vermietet werden, wird dieser Energieausweis (gegen Kostenersatz) kopiert und dem Mieter übergeben.

Der Mietinteressent soll anhand des standardisierten Energieausweises relativ einfach feststellen können, ob das betreffende Objekt energiesparend oder „energiefressend" ist. Ähnlich den Nachweisen bei Kühlschränken, Waschmaschinen u.Ä. soll auch der Gebäudeausweis auf einer farbigen Skala mit einer Buchstabeneinteilung von A (= sehr gut) bis G (= ineffizient) die für den Normenergieverbrauch wesentlichen Indikatoren prägnant darstellen. In älteren Energieausweisen ist auf der farbigen Skala meist nur der Heizwärmebedarf ausgewiesen, der Auskunft über die Qualität der Gebäudehülle gibt. Ältere Energieausweise behielten ihre Gültigkeit (bis zehn Jahre ab ihrer Erstellung) auch nach Inkrafttreten des EAVG 2012. Liegt nur ein alter Energieausweis vor, so genügt die Angabe des Heizwärmebedarfs im Inserat.

Immobilienmakler

Erfolgreiche Vermittlung

Bei der Wohnungssuche – besonders, wenn Sie auch Zeitungsannoncen studieren – werden Sie oft auf einen Immobilienmakler stoßen. Der Immobilienmakler vermittelt den Kauf bzw. die Anmietung einer Wohnung oder den Abschluss eines Darlehensvertrages. Im Erfolgsfall erhält er dafür eine der Höhe nach begrenzte Provision. Der Makler ist daher nicht selbst Verkäufer oder Vermieter(!), sondern er vermittelt nur zwischen Ihnen als Käufer/Mietinteressent und dem Verkäufer/Vermieter.

Als erfolgreiche Vermittlung gilt – und damit hat der Makler bereits Anspruch auf Provision –, wenn er dem Wohnungssuchenden die Mietgelegenheit nachweist und dieser dann, auch ohne weitere Beteiligung des Maklers, mit dem Vermieter einen Mietvertrag schließt. Hat der Wohnungssuchende die Mietgelegenheit hingegen durch ein Inserat des Abgebers selbst gefunden, entsteht in der Regel auch dann kein Provisionsanspruch, wenn der Abgeber zusätzlich einen Makler beauftragt hat.

Der Makler hat aber bestimmte Pflichten, bei deren Verletzung eine Minderung der vereinbarten Provision geltend gemacht werden kann. Im Fall einer Pflichtverletzung – Verschweigen des wirtschaftlichen Naheverhältnisses zu einem Auftraggeber – steht ihm überhaupt keine Provision zu.

Der Makler hat die Interessen seiner Auftraggeber redlich und sorgfältig zu wahren. Das heißt, selbst wenn er zuerst vom Vermieter beauftragt worden ist, muss er auch den Wohnungssuchenden vor Nachteilen

Kontrolle ist besser

Gewerbsmäßige Immobilienvermittlung darf nur von jenen ausgeübt werden, die dafür eine Gewerbeberechtigung besitzen. Möchten Sie auf Nummer sicher gehen, können sie bei der Gewerbebehörde und der Innung der Immobilien- und Vermögenstreuhänder nachfragen. Die Auskunft ist kostenlos.

schützen. Er muss dem Interessenten alle Umstände, die für eine Beurteilung der geplanten Anmietung wesentlich sind, schriftlich bekannt geben. Andererseits ist er aber auch verpflichtet, den Vermieter umgehend zu verständigen, wenn ihm ein Anbot eines Wohnungsinteressenten vorliegt.

Pflichten des Maklers

Insbesondere folgende Punkte muss ein Immobilienmakler dem Wohnungssuchenden schriftlich bekannt geben:

- sein Einschreiten und seine Tätigkeit als Makler
- die durch den Geschäftsabschluss voraussichtlich erwachsenden Gesamtkosten, also Provision, Kaution, Kosten der Vertragserrichtung und Vergebührung; zu den Nebenkosten wird meistens ein Merkblatt der Maklerinnung übergeben
- die Höhe der Vermittlungsprovision
- den Umstand, dass der Makler bereits für den Vermieter oder Wohnungsabgeber tätig ist und damit als Doppelmakler agiert
- ein allfälliges wirtschaftliches oder familiäres Naheverhältnis zum Wohnungsabgeber – beispielsweise, wenn eine Firma des Hauseigentümers dessen Wohnungen zur Vermietung anbietet und eine Provisionsvereinbarung trifft; wird kein Hinweis auf das wirtschaftliche Naheverhältnis gegeben, steht auch im Erfolgsfall keine Provision zu
- eine Belehrung über das Rücktrittsrecht des Konsumenten (Näheres dazu ► Seite 27)

Immobilienmakler verwenden im Regelfall zwei Vertragsformblätter, die sie dem Wohnungssuchenden zur Unterschrift vorlegen:

- den Besichtigungsschein und
- das Anbot zur Anmietung einer Wohnung

Besichtigungsschein

Mit dem Besichtigungsschein (auch Bestätigung genannt) bestätigen Sie als Wohnungsuchender lediglich, dass Ihnen die Wohnung vom Makler angeboten wurde und Sie die Wohnung besichtigt haben. Nur im Fall der Anmietung der Wohnung wird eine Erfolgsprovision, abhängig von der Mietzinshöhe, fällig. Derartige Formulare können Sie unbesorgt unterschreiben, da sie nicht zum Abschluss eines Vertrages über die Wohnung zwingen.

Anbot

Anders verhält es sich mit der Unterzeichnung eines Mietanbotes. Dieses stellt eine verbindliche Zusage dar, eine bestimmte Wohnung zu bestimmten Konditionen anmieten zu wollen. Mit der Unterzeichnung des Anbots wird gleichzeitig auch ein Vermittlungsvertrag samt Provisionsvereinbarung mit dem Makler geschlossen. Das Anbot ist sowohl gegenüber dem Makler als auch gegenüber dem Vermieter der Wohnung verbindlich. Dem Vermieter steht es jetzt frei, das Anbot anzunehmen oder nicht. Ein einseitiger Rücktritt des Wohnungsuchenden vom Anbot ist im Regelfall nicht mehr möglich (Ausnahmen siehe Rücktrittsrechte ► Seite 27).

Verbindliche Zusage zur Anmietung

Mit der Unterzeichnung des Mietanbots offerieren Sie als Wohnungsuchender (in Umkehrung der tatsächlichen Interessenlage), die Wohnung zu bestimmten Konditionen mieten zu wollen. Wird Ihr Anbot vom Vermieter innerhalb der Anbotsfrist angenommen, so liegt bereits eine Parteieneinigung vor. Je nach Formulierung des Anbots ist ein Vorvertrag („Ich verpflichte mich, einen Mietvertrag abzuschließen ...") oder

Zahlung bei Abschluss

Vereinbaren Sie die Fälligkeit zur Zahlung der Provision erst mit der Unterzeichnung des Mietvertrages durch alle Vertragspartner. Die Provisionszahlung wird damit erst fällig, wenn wirklich alles unter Dach und Fach ist.

aber bereits der Hauptvertrag ("Ich verpflichte mich, anzumieten …") zustande gekommen. Der Provisionsanspruch des Maklers wird mit Zustandekommen des Hauptvertrages fällig, daher unter Umständen bereits mit Annahme des Mietanbots.

Aufgrund der Verbindlichkeit eines Anbots müssen Sie daher vor dessen Unterzeichnung alle wesentlichen Punkte abklären und festhalten. Die Legung des Anbots sollte immer erst am Ende Ihrer Überlegungen stehen, eine bestimmte Wohnung zu bestimmten Konditionen mieten zu wollen. Was im Anbot nicht enthalten ist, braucht der Vermieter im Nachhinein auch nicht zu akzeptieren!

Wesentliche Punkte des Anbots abklären

Neben der Überprüfung des Zustandes der Wohnung (Welche Adaptierungsarbeiten werden noch vom Vermieter durchgeführt?) müssen Sie vor Anbotslegung unbedingt die Frage der Finanzierung eines allenfalls zu bezahlenden Einmalbetrages abklären.

Finanzierung klären

Ist das Aufbringen einer Ablöse oder eines Finanzierungsbeitrages noch nicht gesichert, muss eine Bedingung zur Finanzierung in das Anbot aufgenommen werden. Ein solcher Zusatz könnte so aussehen: „Dieses Anbot gilt vorbehaltlich der Zusage eines Bankkredites über 36.000 Euro mit 20-jähriger Laufzeit und einer monatlichen Rückzahlungsbelastung von höchstens 250 Euro." Bietet der Makler die Beschaffung eines Kredites an, so ist auch dies unbedingt in das Anbot aufzunehmen. Verlassen Sie sich nicht auf mündliche Versprechungen. Andernfalls kann es passieren, dass der Vermieter zwar Ihr Anbot annimmt, Sie aber kein Darlehen erhalten und vom Anbot zurücktreten müssen. Die Provision wird trotzdem fällig.

Handelt es sich um eine geförderte Wohnung, müssen Sie als Mieter auch die Voraussetzungen für die Wohnbauförderung erfüllen – Sie dürfen etwa die Einkommensgrenzen nicht überschreiten.

Gibt der Makler weitere Zusagen oder Versprechungen ab, sollten Sie diese ebenfalls in das Anbot aufnehmen. Nur so werden sie zum Bestandteil Ihres Anbots, das schließlich der Vermieter bekommt. Andernfalls erfährt der Vermieter vielleicht gar nicht, was Ihnen der Makler alles versprochen hat.

Haben Sie das Anbotsformular ausgefüllt oder ein eigenes Anbot erstellt (dafür gibt es keine Formvorschriften) und unterschrieben, so verständigt der Makler den Vermieter und übergibt ihm Ihr Anbot. Der Wohnungsabgeber kann Ihr Anbot jetzt annehmen (damit wäre ein Vertrag bereits zustande gekommen) oder auch nicht. Wurde in das Anbot ein Vorbehalt, z.B. Finanzierung durch einen Bankkredit, aufgenommen, so kommt der Vertrag unter der Bedingung zustande, dass der vorbehaltene Bankkredit gewährt wird. Die Annahmeerklärung muss Ihnen binnen einer ausdrücklich vereinbarten Frist, sonst binnen angemessener Frist (in der Regel 14 Tage) zugehen. Erhalten Sie während dieser Frist keine Nachricht, sind Sie nicht mehr an das Anbot gebunden.

Abweichungen vom Anbot

Anbot und Vertragsentwurf vergleichen

Legt man Ihnen schließlich den Mietvertrag vor, achten Sie darauf, dass er mit dem Inhalt des Anbots übereinstimmt. Weicht der Mietvertrag in wesentlichen Punkten (z.B. befristet statt unbefristet) vom Anbot ab, sind Sie nicht verpflichtet, ihn zu unterschreiben.

Achtung: Unterschreiben Sie den Mietvertrag trotz der Abweichungen vom Anbot, gilt das, was im Mietvertrag steht, als (neu) vereinbart.

Wird die Bezahlung eines Teilbetrages vor Abschluss des Mietvertrages vereinbart, so ist auf die Bezeichnung zu achten, denn zwischen Anzahlung und Angeld besteht ein wesentlicher Unterschied:

• Eine Anzahlung ist eine Teilzahlung, die rückerstattet werden muss, wenn der Vertrag nicht zustande kommt.

Nur Schriftliches zählt wirklich

Der Makler erklärt Ihnen zum Beispiel, dass die Gasetagenheizung in der Wohnung fast neuwertig sei, höchstens zwei Jahre alt. Überdies sei sie erst vor einem Monat vom Installateur überprüft und für funktionstüchtig befunden worden. Nehmen Sie in das Anbot einen Vermerk darüber auf. Beharren Sie auf der Übergabe des Installateurbefundes spätestens bei Mietvertragsunterzeichnung.

• Bei einem Angeld verliert der Wohnungssuchende in der Regel das Geld, falls er vom Vertrag ohne wichtigen Grund zurücktritt. Von Angeldvereinbarungen oder gar der Zahlung eines Angeldes ist daher grundsätzlich abzuraten!

Der Makler hat keinen Anspruch auf eine Anzahlung zu seiner Provision! Die Provision wird erst mit Zustandekommen des Hauptvertrages oder zu einem späteren vertraglich vereinbarten Termin fällig.

Rücktrittsrechte

Die meisten Makler haben in ihre Vertragsformulare eine Vereinbarung über eine Provision für den Fall des Rücktritts des Wohnungsinteressenten aufgenommen. Demnach kann der Makler trotz Nichtzustandekommen des Geschäftes eine Provision verlangen, wenn der Vertrag vom Kaufinteressenten ohne beachtenswerten Grund („wider Treu und Glauben") nicht abgeschlossen wird.

Gründe für einen Rücktritt

Das gilt aber nicht immer: In einigen Fällen muss keine Provision bezahlt werden, wenn der Hauptvertrag – trotz angenommenem Anbot – nicht zustande kommt. So zum Beispiel, wenn der Makler seine Sorgfaltspflichten verletzt und wichtige Umstände verschweigt. Ebenso, wenn wesentliche Vertragsbestimmungen im Mietvertrag fehlen oder anders formuliert sind.

Beachtenswerte Gründe für einen berechtigten „Rücktritt" ohne Provisionsfolgen können aber auch in der Privatsphäre des Wohnungsinteressenten liegen. Das kann eine plötzliche Krankheit, die Scheidung oder der Verlust des Arbeitsplatzes sein. Als beachtenswerter Grund gilt auch das Nichtzustandekommen der geplanten Finanzierung. Besser abgesichert sind Sie jedenfalls, wenn Sie einen diesbezüglichen Vorbehalt bereits in das Anbot aufnehmen. In solchen Fällen ist es auch ratsam, rasch eine Beratungseinrichtung aufzusuchen.

Im Konsumentenschutzgesetz (KSchG) sind darüber hinaus zwei Fälle eines berechtigten Rücktrittes in Zusammenhang mit der Anmietung einer Wohnung gesondert geregelt. Diese werden nachfolgend besprochen. Mit dem Inkrafttreten des Fern- und Auswärtsgeschäfte-Gesetzes wurde in § 11 ein neues Rücktrittsrecht bei Auswärtsgeschäften geschaffen. Ein weiteres Rücktrittsrecht ist im Bauträgervertragsgesetz (BTVG) geregelt (► Seite 35).

Rücktrittsrecht bei Immobiliengeschäften gemäß § 30 a KSchG

Dieses Rücktrittsrecht betrifft nicht nur Verträge, die über Vermittlung eines Immobilienmaklers abgeschlossen werden, sondern alle Kauf- und Mietverträge über Wohnungen mit Bauträgern, gemeinnützigen Bauvereinigungen, privaten Hauseigentümern und Privatpersonen. Wesentlich für das Rücktrittsrecht ist nur, dass der Interessent selbst Verbraucher ist und die Wohnung zur Deckung des dringenden Wohnbedürfnisses – für den Interessenten oder nahe Angehörige – dienen soll. Für Ferienwohnungen gilt dieses Rücktrittsrecht daher nicht.

Fristgerechte Rücktrittserklärung

Vom Rücktrittsrecht können Sie dann Gebrauch machen, wenn Sie eine Vertragserklärung, z.B. ein Mietanbot, am selben Tag abgegeben haben, an dem Sie die Wohnung zum ersten Mal besichtigt haben. Damit werden Sie vom Gesetzgeber vor übereilten Entscheidungen bei der Wohnraumbeschaffung geschützt.

Der Rücktritt kann binnen einer Woche nach Abgabe der Vertragserklärung (Datum des Poststempels) schriftlich (eingeschriebener Brief) erklärt werden. Wurde dem Wohnungssuchenden aber keine Zweitschrift seines Anbots und keine schriftliche Rücktrittsbelehrung übergeben, beginnt die einwöchige Frist erst mit Erhalt dieser Unterlagen. Die Möglichkeit zum Rücktritt gemäß § 30 a KSchG erlischt auch ohne übergebene Unterlagen jedenfalls spätestens einen Monat nach dem Tag der Erstbesichtigung.

Die Rücktrittserklärung ist an den Vertragspartner zu richten, mit dem verhandelt worden ist bzw. der das Anbot übernommen hat, und braucht nicht weiter begründet zu werden. Wenn auch ein Maklervertrag abgeschlossen worden ist, gilt die Rücktrittserklärung ebenso für den Maklervertrag. Es entsteht keine Provisionspflicht.

Diese Möglichkeit des Rücktritts besteht also nur dann, wenn das Anbot am Tag der Erstbesichtigung der Wohnung abgegeben wurde. Wurde es erst am nächsten Tag abgegeben, so steht diese Rücktrittsmöglichkeit nicht mehr offen!

Rücktrittsrecht gemäß § 3a KSchG

Dieses Rücktrittsrecht besteht nur bei einem Vertragsverhältnis zwischen einem privaten Wohnungsinteressenten und einem gewerblichen Wohnungsvermieter. Bei Verträgen zwischen privatem Mieter und privatem Vermieter, z.B. einem Wohnungseigentümer, besteht dieses Rücktrittsrecht nicht.

Wurden dem Wohnungssuchenden im Zuge der Vertragsverhandlungen wichtige Umstände in Aussicht gestellt, die dann gar nicht oder in erheblich geringerem Ausmaß eintreten, berechtigt ihn dies ebenfalls zu einem kostenlosen Rücktritt. Dazu zählen insbesondere:

- die Gewährung einer Wohnbauförderung bzw. eines Wohnungsverbesserungskredites
- das Zustandekommen einer Kreditfinanzierung
- die Aussicht auf steuerrechtliche Vorteile

Die Rücktrittsfrist beträgt eine Woche und beginnt zu laufen, sobald der Verbraucher erkennen kann, dass die erwarteten Umstände nicht eintreten werden, und ihm eine schriftliche Rücktrittsbelehrung ausgehändigt worden ist. Das Rücktrittsrecht erlischt spätestens einen Monat nach vollständiger Erfüllung des Vertrages. Die Rücktrittserklärung ist schriftlich (eingeschriebener Brief) an den Vertragspartner zu schicken; spätestens am letzten Tag der Frist (Datum des Poststempels). Wurden aufgrund des Vertrages bereits Leistungen erbracht, so führt ein Rücktritt zur sogenannten Rückabwicklung. Das heißt, es muss der frühere Zustand

Vertrag mit Vorbehalt

Um Schwierigkeiten zu vermeiden, halten Sie schriftlich alle wichtigen Umstände fest. Noch besser ist es, den Vertrag nur mit Vorbehalt zu schließen. Beispiel: „Der Vertrag gilt nur, wenn ich einen geförderten Wohnungsverbesserungskredit erhalte." Es liegt dann ein bedingt geschlossener Vertrag vor, der erst dann wirksam wird, wenn die Bedingung eintritt. Tritt sie nicht ein, ist der Vertrag nicht zustande gekommen.

wiederhergestellt werden. Solange der Verbraucher nur Anzahlungen erbracht hat, kann relativ einfach rückabgewickelt werden, indem das Geld zurückbezahlt wird. Nicht so einfach ist es, wenn eine Wohnung bereits übergeben und mit dem Umbau begonnen worden ist und sich erst im Zuge der Arbeiten herausstellt, dass keine Förderung gewährt wird.

Rücktritt gem. § 11 FAGG

Beauftragung
außerhalb
der Geschäfts-
räumlichkeiten

Seit Inkrafttreten des Fern- und Auswärtsgeschäfte-Gesetzes (FAGG) am 13.6.2014 besteht für Verbraucher im Sinne des Konsumentenschutzgesetzes zudem ein neues Rücktrittsrecht bei Abschluss des Maklervertrages außerhalb der Geschäftsräume eines Maklerbüros oder ausschließlich über Fernabsatz (z.B. Internet). Dieses Rücktrittsrecht nach § 11 FAGG bezieht sich allerdings nicht auf Miet- oder Kaufanbote, sondern bloß auf den Maklervertrag. Die Rücktrittsfrist beträgt 14 Tage und beginnt mit Abschluss des Maklervertrages zu laufen. Der Rücktritt kann mit einem (vom Makler auszuhändigenden) Muster-Widerrufsformular, aber auch in anderer Weise (nachweisbar) ausgeübt werden. Ohne ordnungsgemäße Belehrung über das Rücktrittsrecht verlängert sich die Frist auf ein Jahr und 14 Tage.

Der Rücktritt nach § 11 FAGG ist nicht mehr möglich, wenn der Makler seine Dienstleistung noch vor Ablauf der vierzehntägigen Frist vollständig erbracht hat – vorausgesetzt, der Makler hat den Auftraggeber ordnungsgemäß belehrt und ist aufgrund einer ausdrücklichen Aufforderung des Auftraggebers „vorzeitig" tätig geworden.

Aufgrund dieser etwas komplizierten Regelung im FAGG erhalten Sie jetzt bei der Beauftragung eines Maklers gleich vorweg auch ein Muster-Widerrufsformular.

Höhe der Maklerprovision

Die Höhe der Provisionen ist nicht gesetzlich fixiert, es sind nur Höchstgrenzen vorgegeben. Sie können daher mit dem Makler – am Beginn Ihrer Besprechung – auch über eine niedrigere Provision verhandeln.

Vertragsdauer	vom Mieter
Vertrag mehr als 3 Jahre oder unbefristet	2 Brutto-Monatsmieten
Vertrag bis zu 3 Jahre	1 Brutto-Monatsmiete
Ergänzungsprovision auf Höchstbetrag bei Verlängerung oder Umwandlung in ein unbefristetes Mietverhältnis	höchstens 1/2 Brutto-Monatsmiete

Eine Provision für eine Vertragsverlängerung muss jedoch bereits im ursprünglichen Vermittlungsauftrag (Anbot) vereinbart worden sein!

Befristete Verträge über Wohnungen Typ I, II und III (mehr dazu ▶ Seite 126) müssen auf mindestens drei Jahre abgeschlossen werden. Damit ergibt sich eine Provisionshöhe von einer Monatsmiete bei Drei-

Berechnung der Vermittlungsprovision

Unter „Bruttomietzins" ist zu verstehen: der Haupt- oder Untermietzins zuzüglich Betriebskosten, Kosten für sonstige besondere Aufwendungen (Lift usw.), Entgelt für mitvermietete Einrichtungsgegenstände, jedoch nicht die vom Mietzins zu entrichtende Umsatzsteuer. Bei Objekten mit Mietzinsobergrenzen sind die Heizkosten nicht in den Bruttomietzins einzurechnen. Beispiel: Der monatliche Mietzins, der an den Vermieter zu bezahlen ist, beträgt (in Euro):

Hauptmietzins	600,00
Betriebskosten	150,00
Liftbetriebskosten	15,00
„Bruttomietzins" für Provisionsberechnung	765,00
10 % Umsatzsteuer	76,50
Gesamtmietzins	841,50

Da die Umsatzsteuer nicht mehr zur Provisionsberechnung herangezogen werden darf, beträgt die höchstzulässige Provision bei einem unbefristeten Mietverhältnis: 765 Euro x 2 = 1.530,00 Euro. Dazu kommen 20 % USt = 306,00 Euro, sodass die Gesamtprovision 1.836,00 Euro beträgt.

jahresverträgen, von zwei Monatsmieten bei länger befristeten und unbefristeten Verträgen.

Wird ein Mietvertrag durch den Hausverwalter vermittelt, so beträgt die zulässige Provision jeweils nur die Hälfte.

Zu allen angeführten Provisionssätzen kommt jeweils noch die Umsatzsteuer (USt) in Höhe von derzeit 20 Prozent dazu!

Das Bauträgervertragsgesetz (BTVG)

Anmietung vor Fertigstellung der Wohnung

Wichtig für alle, die vor Fertigstellung der Wohnung bereits Zahlungen leisten müssen. Der zentrale Punkt des Bauträgervertragsgesetzes (BTVG) ist die Absicherung der Wohnungswerber für die vor Fertigstellung des Bau- bzw. Sanierungsvorhabens geleisteten Zahlungen. Dafür sind verschiedene Sicherungsmodelle vorgesehen. Daneben ist noch ein bestimmter Mindestumfang des Vertragsinhaltes festgelegt. Die Bestimmungen des BTVG sind zwingend; das heißt, sie dürfen nicht zum Nachteil des wohnungssuchenden Konsumenten abgeändert werden.

Das BTVG ist auf alle Kauf-, Anwartschafts- und Mietverträge anwendbar, bei denen der Wohnungsinteressent mehr als 145 Euro pro Quadratmeter Nutzfläche vor Fertigstellung der Wohnung bezahlen muss. Neben Neubauvorhaben gilt das BTVG auch für Wohnungen in Altbauten, die vor Übergabe vom Vermieter durchgreifend erneuert werden sollen, sowie für neu zu schaffende Dachgeschoßwohnungen in Altbauten.

Ob der Vermieter eine gemeinnützige Bauvereinigung, eine private Kapitalgesellschaft oder eine natürliche Person ist, bleibt für die Anwendbarkeit des BTVG ohne Auswirkungen. Es ist daher bei Vorliegen der oben beschriebenen Voraussetzungen immer anzuwenden.

Die Nichteinhaltung der Bestimmungen des BTVG stellt eine Verwaltungsübertretung dar und kann mit Geldstrafen bis zu 28.000 Euro belegt werden. Entspricht Ihr Vertrag in wesentlichen Punkten nicht den Bestimmungen des BTVG, lassen Sie ihn jedenfalls von einer Konsumentenberatungsstelle überprüfen und übermitteln Sie ihn in Kopie auch an die zuständige Verwaltungsbehörde (Bezirkshauptmannschaft oder Magistrat in den großen Städten).

Der Miet- oder Anwartschaftsvertrag muss schriftlich abgefasst werden und zumindest folgende Informationen enthalten:

- Den korrekt bezeichneten Vertragsgegenstand inklusive der genauen Pläne und Baubeschreibungen sowie eine Beschreibung der Ausstattung und des Zustandes der Wohnung. Werden im Zuge der Bauführung Änderungen notwendig, muss der Wohnungswerber verständigt werden und diesen zustimmen.
- Das vom Wohnungswerber zu bezahlende Entgelt (Finanzierungs- beitrag) und die Fälligkeit der Teilzahlungen.
- Ist kein Fixentgelt vereinbart, so darf ein veränderlicher Preis nur dann vereinbart werden, wenn die Kostenfaktoren und die Preisbasis festgelegt sind und eine Obergrenze bestimmt ist. Ausnahme: Gemeinnützige Bauvereinigungen dürfen das Entgelt nach den Bestimmungen des Wohnungsgemein- nützigkeitsgesetzes bilden.
- Den spätesten Übergabetermin. Liegt bei Vertragsabschluss noch keine Baubewilligung vor, kann vereinbart werden, dass der angegebene Übergabetermin bei nicht vorhersehbar langer Dauer des Baubewilligungsverfahrens um bis zu ein Jahr überschritten werden darf.
- Die Art der Sicherung der vom Wohnungswerber geleisteten Zahlungen. Diese werden somit erst dann fällig, wenn der Bauträger den Wohnungswerber gegen den Verlust seiner Zahlungen abgesichert hat.

Die Sicherung des Erwerbers

Kernstück des BTVG ist eine geeignete Absicherung der Vorauszahlungen des Erwerbers für den Fall wirtschaftlicher Schwierigkeiten bis hin zum Konkurs des Bauträgers (Vermieters). Für den Bereich der Mietwoh- nungen kommen dabei in der Praxis nur zwei Modelle infrage:

Schuldrechtliche Sicherung

**Absicherung
für den Fall
eines Konkurses**

Rückforderungsansprüche des Erwerbers können durch Bürgschaft, Garantie oder eine geeignete Versicherung abgesichert werden. Ebenso ist eine Fertigstellungsgarantie zulässig. Bürge oder Garant muss ein Kreditinstitut, ein Versicherungsunternehmen oder eine inländische Gebietskörperschaft (z.B. die Gemeinde) sein. Da bei diesem Sicherungsmodell auch Rückforderungsansprüche abgedeckt werden, ist es zweifelsohne die beste Sicherung.

Sicherung durch eine
Gebietskörperschaft bzw. die Wohnbauförderungsstelle

Eine gesonderte Sicherung kann entfallen, wenn eine Gebietskörperschaft (z.B. die Gemeinde) selbst Bauträger ist oder aufgrund einer Vereinbarung den Wohnungswerbern unmittelbar haftet. Bei Verwendung von Wohnbauförderungsmitteln kann eine gesonderte Sicherung dann entfallen, wenn in den Förderungsbedingungen, deren Einhaltung von der Förderungsstelle überwacht werden muss, eine gleichwertige Sicherung vorgesehen ist. Wird eine dieser Sicherungen vom Bauträger behauptet, so muss diese im Miet- oder Anwartschaftsvertrag erwähnt sein. Erkundigen Sie sich in diesem Fall direkt bei der Förderungsstelle oder der Gemeinde, ob sie davon weiß und die notwendigen Kontrollen durchführen wird.

Kein eigener Vertrag

Der Bauträgervertrag ist kein eigener Vertrag! Sie müssen daher neben einem Miet- oder Anwartschaftsvertrag nicht extra einen Bauträgervertrag abschließen. In Ihrem Miet- oder Anwartschaftsvertrag müssen aber die Vorschriften über die Form (schriftlich) und über den Mindestvertragsinhalt eingehalten werden.

Rücktrittsrechte nach dem BTVG

Rücktritt des Käufers
bei nicht rechtzeitigem Erhalt der Vertragsunterlagen

Um dem Wohnungsinteressenten genügend Zeit zum Überlegen zu lassen und ihn vor übereilten Vertragsabschlüssen zu schützen, sieht das BTVG vor, dass ihm zumindest eine Woche vor dem tatsächlichen Vertragsabschluss sämtliche Unterlagen zur Verfügung zu stellen sind. Dazu gehört insbesondere der Vertragsentwurf samt der Angabe des Sicherungsmodells.

Wird der Kauf- oder Anwartschaftsvertrag hingegen vom Kaufinteressenten vor Ablauf dieser Wochenfrist unterschrieben oder hat er vor Vertragsunterzeichnung gar keine Unterlagen erhalten, kann er ohne Angabe von Gründen vom Vertrag zurücktreten.

Auf den Fristenlauf achten

Der Rücktritt kann binnen einer Woche nach Erhalt einer Zweitschrift oder Kopie des Vertrages und einer schriftlichen Belehrung über dieses Rücktrittsrecht erfolgen. Der Rücktritt ist schriftlich, am besten mit eingeschriebenem Brief, an den Vertragspartner zu richten. Die Frist ist gewahrt, wenn der Rücktritt am letzten Tag der Frist (Datum des Poststempels) erklärt wird. Wird keine Kopie des Vertrages oder keine Rücktrittserklärung übergeben, so beträgt die Frist für den Rücktritt einen Monat ab Vertragsabschluss.

Rücktritt des Käufers wegen Unterbleiben der Wohnbauförderung

Wurde der Finanzierung des Bauvorhabens im Miet- oder Anwartschaftsvertrag die Gewährung einer Wohnbauförderung zugrunde gelegt und wird diese dann gar nicht oder in erheblich geringerem Ausmaß gewährt, besteht ebenfalls ein Rücktrittsrecht des Wohnungswerbers. Für den Rücktritt gelten dieselben Fristen wie oben. Der Fristenlauf beginnt mit der Verständigung des Wohnungswerbers vom Unterbleiben der Wohnbauförderung und einer schriftlichen Belehrung über dieses Rücktrittsrecht.

Wird aber aus Gründen, die in der Person des Wohnungswerbers liegen, keine Wohnbauförderung gewährt, steht kein Rücktrittsrecht zu. Dies ist etwa der Fall, wenn die Einkommensgrenzen überschritten werden.

Vertragliche Rücktrittsrechte des Bauträgers

Dem Bauträger steht es offen, im Miet- oder Anwartschaftsvertrag mit einem Wohnungsinteressenten vorzusehen, dass ihm in zwei bestimmten Fällen ebenfalls ein besonderes Rücktrittsrecht zusteht:

• Findet er für die Realisierung des Bauvorhabens zu wenige Interessenten, kann er vom bereits geschlossenen Vertrag zurücktreten. Dieser Rücktritt kann längstens bis sechs Monate nach Vertragsabschluss erklärt werden.
• Unterlässt es der Wohnungsinteressent trotz Aufforderung, ein vereinbartes Förderungsansuchen zu stellen oder Sicherheiten und notwendige Urkunden beizubringen, kann der Bauträger ebenfalls vom Vertrag zurücktreten.

Ein Mietverhältnis – viele Gesetze

– Einteilung der Mietverhältnisse: Typ I bis Typ IV
– Untermietverhältnisse

Einteilung der Mietverhältnisse

Unter welche gesetzlichen Bestimmungen ein Mietverhältnis fällt, ist bei der rechtlichen Beurteilung eines Problems eine schwierige, gleichzeitig aber die entscheidende Frage.

Die gesetzlichen (Schutz-)Bestimmungen über die Raummiete sind heute im Mietrechtsgesetz (MRG) und im Wohnungsgemeinnützigkeitsgesetz (WGG) enthalten. Weitere spezifisch mietrechtliche Bestimmungen finden sich in Wohnbauförderungsgesetzen und in prozessualen Vorschriften. Die Regelungen des Allgemeinen Bürgerlichen Gesetzbuches (ABGB) dagegen gelten immer dann, wenn MRG oder WGG keine besonderen Anordnungen treffen. Bei Wohnungen Typ IV gelten zum Beispiel ausschließlich die Regelungen des ABGB.

Mietrechtliche Schutzgesetze

Diese Unterscheidung ist deshalb wichtig, weil die meisten Bestimmungen des MRG vertraglich nicht abgeändert werden können (zwingendes Recht). Die Bestimmungen des ABGB hingegen können über weite Bereiche vertraglich abgeändert werden (dispositives Recht).

Bei den hier behandelten Wohnungsmietverhältnissen ist zunächst die Geltung des MRG zu vermuten und danach zu prüfen, ob eine der Ausnahmebestimmungen des MRG auf ein konkretes Mietverhältnis zutrifft.

Die Regelungen des MRG und WGG sind zwingend und können durch vertragliche Vereinbarungen nicht außer Kraft gesetzt werden. Enthält ein Mietvertrag trotzdem widersprechende Vereinbarungen, so sind diese nicht anwendbar. Alle anderen Bestimmungen des Mietvertrages gelten dagegen weiter.

Das WGG enthält einerseits (für den Mieter belanglose) organisations- und abgabenrechtliche Bestimmungen, andererseits (besonders) in den §§ 13 bis 22 jene Bestimmungen, die Miet- oder Nutzungsverhältnisse über Wohnungen regeln.

Aus Gründen der Übersichtlichkeit teilen wir Mietverhältnisse nach Geltung bzw. Nichtgeltung mietrechtlicher Schutzbestimmungen ein. Wir haben vier Wohnungstypen zusammengefasst, für die jeweils dieselben gesetzlichen Bestimmungen gelten. Damit wird Ihnen die Einordnung erleichtert und es müssen nicht laufend alle Ausnahmebestimmungen angeführt werden.

Übersicht Mietverhältnisse

	Typ			
	I	II	III	IV
Mietwohnung, Gebäudeerrichtung vor dem 1.7.1953	X			
Mietwohnung, Gebäudeerrichtung nach dem 30.6.1953 mit Förderungsmitteln	X			
Mietwohnung, Gebäudeerrichtung nach dem 30.6.1953 ohne Förderungsmittel			X	
Wohnungen, die durch Dachgeschoßausbau oder Aufstockung aufgrund einer Baubewilligung nach dem 31.12.2001 neu errichtet wurden; unabhängig vom Baualter des Gebäudes			X	
Wohnungen, die durch einen Zubau aufgrund einer Baubewilligung nach dem 30.9.2006 neu errichtet wurden; unabhängig vom Baualter des Gebäudes			X	
alle Wohnungen in Gebäuden, die von einer gemeinnützigen Bauvereinigung (GBV) errichtet wurden und im Eigentum einer GBV stehen[1]		X		
Neuvermietung von Wohnungen in Althäusern, die von einer GBV zum Zweck einer Sanierung größeren Umfanges erworben wurden [1]		X		
vermietete Eigentumswohnung, Gebäudeerrichtung vor dem 9.5.1945	X			
vermietete Eigentumswohnung, Gebäudeerrichtung nach dem 8.5.1945 [2]			X	
Mietwohnung in einem bzw. zu vermietendes Ein- oder Zweifamilienhaus				X
Dienst- und Werkswohnungen, die nicht von einer GBV vermietet werden				X
Mietgegenstände in Heimen und Beherbergungsbetrieben				X
Zweitwohnungen zu Freizeitzwecken (Ferienwohnungen)				X
Zweitwohnungen aus beruflichen Gründen; nur Kategorie A oder B und Höchstdauer ein halbes Jahr				X

[1] Diese Einordnung bleibt auch dann aufrecht, wenn die GBV ihre Gemeinnützigkeit verliert oder das Gebäude an einen nicht gemeinnützigen Eigentümer verkauft wird. Sonderfall: Der bisherige Mieter erwirbt die Wohnung – dann gilt bei einer Vermietung nicht mehr das WGG. [2] Bei manchen gefördert errichteten Bauten erfolgt eine andere Einstufung (Typ I).

Typ I – MRG gilt
zur Gänze/Vollanwendungsbereich des MRG

Diesem Wohnungstyp werden alle Hauptmietverhältnisse über Wohnungen zugeordnet, die nicht unter die Ausnahmen der Typen II, III und IV fallen. Dazu gehören jedenfalls alle Wohnungen, die sich in einem sogenannten Altbau befinden.

Unter Altbau werden vor 1945 errichtete Gebäude verstanden, die mehr als zwei Mietgegenstände aufweisen. Auch vermietete Eigentumswohnungen in einem Altbau fallen unter Typ I. Ebenso Gebäude mit Mietwohnungen, die ohne Förderungsmittel aufgrund einer zwischen dem Jahr 1945 und dem 30. Juni 1953 erteilten Baubewilligung neu errichtet wurden.

Für Wohnungen Typ I gelten die Schutzbestimmungen des MRG zur Gänze. Davon ausgenommen sind nur Wohnungen, die aufgrund einer nach dem 31. Dezember 2001 erteilten Baubewilligung durch den Ausbau eines Dachbodens oder einen Aufbau neu geschaffen wurden. Ebenso ausgenommen sind Wohnungen, die aufgrund einer nach dem 30. September 2006 erteilten Baubewilligung durch einen Zubau zu einem Altbau neu errichtet wurden. Sie fallen unter Typ III.

Typ II – Genossenschaftswohnungen

Gemeinnützige Bauvereinigungen als Vermieter

Diese nehmen im Rahmen der Mietwohnungen eine Sonderstellung ein. Dabei tritt als Vermieter eine gemeinnützige Bauvereinigung (GBV) auf. Das kann eine Genossenschaft oder eine Kapitalgesellschaft sein, die nach den Bestimmungen des WGG als gemeinnützig anerkannt wurde.

Der gebräuchliche Begriff „Genossenschaftswohnung" wird hier für alle zur Nutzung überlassene Wohnungen beibehalten, obwohl gemeinnützige Kapitalgesellschaften ihre Wohnungen immer mit einem Mietvertrag vergeben. Nur gemeinnützige Genossenschaften können Genossenschaftswohnungen, meistens mit einem Nutzungsvertrag an ihre Mitglieder, vergeben. Das WGG nimmt in mietrechtlichen Belangen aber keine Unterscheidung zwischen diesen beiden Formen vor.

Unter Typ II fallen jetzt alle Wohnungen, die von einer GBV zur Nutzung überlassen (vermietet) werden und

- in einem Gebäude liegen, das von einer GBV im eigenen Namen errichtet wurde, oder
- in einem Althaus liegen, das von einer GBV zum Zweck der umfassenden Sanierung erworben wurde.

Wird das Gebäude nach der Errichtung oder Sanierung durch eine GBV ganz oder zum Teil an einen nicht gemeinnützigen Eigentümer veräußert, so bleiben die Mietverhältnisse trotzdem dem Typ II unterstellt. Die speziellen Vorschriften gelten auch dann weiter, wenn eine GBV ihre Gemeinnützigkeit verliert. Für Wohnungen, die zunächst von einem Mieter im Wohnungseigentum erworben wurden und danach von diesem vermietet werden, gelten die Sondervorschriften des WGG nicht mehr; hier gilt nur noch das MRG (Typ I oder Typ III).

Für Wohnungen Typ II gelten die besonderen Bestimmungen des WGG – vor allem hinsichtlich der Entgeltsberechnung und der Erhaltungspflichten des Vermieters – und die aus dem MRG übernommenen übrigen Bestimmungen.

Typ III – MRG gibt Kündigungsschutz/Teilanwendungsbereich des MRG

Darunter fallen Hauptmietverhältnisse über

- Wohnungen in freifinanzierten Neubauten, also Gebäuden, die ohne öffentliche Mittel aufgrund einer nach dem 30. Juni 1953 erteilten Baubewilligung errichtet wurden. Maßgebend ist die Neuerrichtung des Gebäudes, nicht der Wohnung.
- Eigentumswohnungen in Gebäuden, die aufgrund einer nach dem 8. Mai 1945 erteilten Baubewilligung neu errichtet wurden. Maßgebend ist auch hier die Neuerrichtung des Gebäudes, nicht der Wohnung. Bei Eigentumswohnungen, die mit Wohnbauförderungsmitteln errichtet wurden, kann eine Sonderregelung

Hauptmiete in freifinanzierten Neubauten

Anwendung finden. Je nach Art der Förderung fallen Mietverhältnisse über derartige Wohnungen meist unter Typ I (z.B.
gefördert mit Mitteln des Wohnhauswiederaufbaufonds oder
dem Wohnbauförderungsgesetz 1968).

• Wohnungen im Altbau, die aufgrund einer nach dem 31. Dezember 2001 erteilten Baubewilligung durch den Ausbau eines Dachbodens oder einen Aufbau neu geschaffen wurden. Diese
Ausnahme gilt nicht nur, wenn der Vermieter das Dachgeschoß
ausgebaut hat, sondern auch, wenn der Mieter den Ausbau
entsprechend einer vertraglichen Vereinbarung durchgeführt hat.

• Wohnungen im Altbau, die aufgrund einer nach dem 30. September
2006 erteilten Baubewilligung durch einen Zubau neu errichtet
wurden.

Für Wohnungen Typ III gelten aus dem MRG nur die Bestimmungen über
den Kündigungsschutz, die Befristungen, das Eintrittsrecht im Todesfall
des Hauptmieters und über die Kaution. Wird bei einem Mietverhältnis in
einem freifinanzierten Neubau ein sogenannter „wertbeständiger Mietzins" gemäß § 45 MRG eingehoben, so fallen ab dann alle Mietverhältnisse dieses Gebäudes unter Typ I.

Typ IV – MRG gilt nicht

Gar keinen mietrechtlichen Schutz gibt es für

• Räume, die im Rahmen eines Beherbergungsbetriebes vermietet
werden.

• Räume, die in einem dafür besonders eingerichteten Heim
(Alters-, Lehrlings-, Studentenheim u.Ä.) vermietet werden.

• Dienst- und Werkswohnungen, die im Zusammenhang mit einem
Dienstverhältnis vergeben werden. Hier bildet das Dienstverhältnis
die Geschäftsgrundlage für den Mietvertrag über die Wohnung.

• Halbjahresverträge über beruflich bedingte Zweitwohnungen
unter folgenden Voraussetzungen:

- Die Wohnung ist in die Kategorie A oder B (► Seite 87) einzustufen.
- Der Mieter muss an einem anderen Ort seinen gewöhnlichen Aufenthalt (Wohnsitz) haben und die beruflich bedingte vorübergehende Nutzung (bis höchstens sechs Monate) muss schriftlich vereinbart worden sein.

Bei einer längeren Mietdauer fällt das Mietverhältnis rückwirkend unter Typ I oder III.

• Ferienwohnungen – dazu zählen Zweitwohnungen, die zu Erholungs- oder Freizeitzwecken gemietet wurden.

• Die Miete eines Einfamilienhauses oder einer Wohnung in einem Gebäude mit nicht mehr als zwei Mietgegenständen (Ein- und Zweifamilienhäuser). Wurde das Dachgeschoß eines derartigen Gebäudes erst nach der Hauserrichtung ausgebaut und wurden dadurch weitere Mietgegenstände geschaffen, so bleibt es trotzdem bei dieser Ausnahme.

Ein- und Zweifamilienhäuser

Tritt bei einem der hier aufgezählten Mietverhältnisse eine gemeinnützige Bauvereinigung als Vermieter auf, so fällt das Mietverhältnis hingegen immer unter Typ II.

Untermietverhältnisse

Die rechtliche „Qualität" eines Untermietverhältnisses hinsichtlich der Schutzbestimmungen hängt vom Hauptmietverhältnis ab. Nur bei Wohnungen Typ I und II, die vom Hauptmieter untervermietet werden, kommen Sonderbestimmungen des MRG in Betracht. Es handelt sich dabei im Wesentlichen um den – wenn auch eingeschränkten – Kündigungsschutz, die Bestimmungen über die Befristung, die Regelung der Kaution und die Bestimmungen über die Höhe des Untermietzinses.

Alle anderen Probleme aus Untermietverhältnissen sind anhand der Bestimmungen des ABGB unter besonderer Berücksichtigung der vertraglichen Vereinbarungen zu lösen.

Konsumentenschutzgesetz (KSchG)

Die Regelungen des KSchG gelangen immer dann zur Anwendung, wenn ein Vertrag zwischen einem „Verbraucher" und einem „Unternehmer" abgeschlossen wird. Der Vermieter wird nach der Rechtsprechung als Unternehmer angesehen, wenn er mehr als fünf Mietgegenstände (Richtzahl) vermietet. Wird dagegen nur eine Eigentumswohnung vermietet, liegt keine Unternehmereigenschaft vor.

Grenzen der Vertragsfreiheit

Das KSchG normiert unter anderem die Unwirksamkeit von unklaren oder unverständlichen Bestimmungen in vorgefertigten Verträgen (Transparenzgebot). Im § 6 KSchG werden bestimmte Tatbestände angeführt, die im Geschäft zwischen Verbraucher und Unternehmer unwirksam sind.

In diesem Zusammenhang noch ein Verweis auf § 879 ABGB, der generell Grenzen für die freie Vertragsgestaltung zieht. Demnach sind Verträge, die gegen ein gesetzliches Verbot oder gegen die guten Sitten verstoßen, jedenfalls nichtig. Aber auch den Verbraucher gröblich benachteiligende Vereinbarungen sind jedenfalls dann unwirksam, wenn sie in vorgefertigten Vertragsmustern (Textbausteinen) enthalten sind.

Mietvertragsabschluss und Wohnungsübergabe

- Vertragsabschluss und Vertragspartner
- Mietzins, Wertsicherung und weitere mögliche Vereinbarungen
- Übergabe der Wohnung und Zahlungen bei Vertragsabschluss
- Abgrenzung Hauptmiete und Untermiete

Mietvertragsabschluss

Im Mietvertrag regeln Vermieter und Mieter ihre gegenseitigen Rechte und Pflichten. Der Vertrag kommt mit der Einigung über den Bestandgegenstand (Wohnung), den Bestandzins (Mietzins) und die Bestanddauer (Vertragsdauer) zustande.

Mündliche und schriftliche Verträge

Ein Mietvertrag kann schriftlich oder mündlich abgeschlossen werden. Er kann aber auch durch schlüssige Handlung – der Mietvertrag muss von beiden Vertragspartnern gewollt sein – zustande kommen. Beispiel: Der Vermieter überlässt eine Wohnung und nimmt für längere Zeit dafür Mietzins entgegen.

Bei Mietverhältnissen über Wohnungen Typ I, II und III ist für eine wirksame Befristung auf alle Fälle eine schriftliche Vereinbarung erforderlich. Bei befristeten Verträgen sollte die Vertragsdauer jedenfalls klar ersichtlich sein: „Das Mietverhältnis beginnt am _____ und endet am _____ ."

Besser schriftlicher Abschluss

Mündliche Mietverträge gelten ebenso wie schriftlich abgeschlossene. Aus Beweisgründen ist es jedoch empfehlenswert, Mietverträge immer schriftlich abzuschließen!

Der (schriftliche) Mietvertrag sollte Name und Anschrift der Vertragspartner enthalten. Wird der Vertrag nicht mit dem Vermieter persönlich abgeschlossen, sondern durch einen Bevollmächtigten (Hausverwaltung, Maklerbüro), so sollte das Vertretungsverhältnis festgehalten werden. Zuvor sollten Sie sich vergewissern, dass der Bevollmächtigte auch tatsächlich zum Vertragsabschluss berechtigt ist. Scheuen Sie sich nicht, eine Vollmacht zur Einsichtnahme zu verlangen – insbesondere, wenn eine Privatperson als Bevollmächtigter auftritt.

Die Vertragspartner

Die Vertragspartner eines Mietverhältnisses sind Mieter und Vermieter. Doch während diese Begriffe immer nur auf eine einzelne Person hindeuten, gibt es eine Vielzahl von Fällen, wo auf jeder Seite des Vertragsverhältnisses mehrere Personen stehen. Ebenso zu beachten sind Änderungen bei den Vertragsparteien während eines Mietverhältnisses.

Vermieterseite

Auf Vermieterseite werden regelmäßig dann mehrere Personen zum Vertragspartner, wenn eine Liegenschaft nicht im Alleineigentum einer Person steht. Bei Vorliegen einer Miteigentümergemeinschaft ist jeweils die Eigentümermehrheit zum Abschluss eines Mietverhältnisses berechtigt. Dieser obliegt auch die Verwaltung (beispielsweise die Durchführung von Erhaltungsarbeiten), aber auch die Kündigung von Mietverhältnissen. Trotzdem werden sämtliche Miteigentümer der Liegenschaft zu Vertragspartnern des Mieters. Daher müssen Anträge im Außerstreitverfahren und Klagen im streitigen Verfahren regelmäßig gegen alle (Mit-)Eigentümer gerichtet werden.

Bei einem Wechsel auf Vermieterseite (durch Kauf, Erbschaft) ist der neue Eigentümer an die bestehenden Mietverhältnisse mit allen Bedingungen gebunden, sodass sich der Abschluss eines neuen Mietvertrages erübrigt. Davon ausgenommen sind nur Absprachen ungewöhnlichen Inhalts, die der neue Eigentümer nicht kannte oder kennen musste (§ 2 Abs. 1 MRG). Ausschließlich bei Wohnungen Typ IV gibt es ein spezielles Kündigungsrecht für den neuen Eigentümer, wenn der Mietvertrag nicht im Grundbuch eingetragen ist.

Einen Sonderfall bildet die vermietete Eigentumswohnung. Der Wohnungseigentümer, der im Regelfall nur Minderheitseigentümer an der Gesamtliegenschaft ist, kann seine Eigentumswohnung trotzdem alleine vermieten und wird alleiniger Vertragspartner des Mieters.

Vermieterwechsel durch Kauf oder Erbschaft

Mieterseite

Auch auf Mieterseite können mehrere Personen Vertragspartner – sogenannte Mitmieter – sein. Etwa, wenn bereits bei Mietbeginn zwei oder
mehrere Personen eine Wohnung anmieten. Dies erscheint bei Lebens-
gefährten empfehlenswert, eventuell auch bei Ehegatten und bei Wohngemeinschaften. Und zwar deshalb, weil sonst bei Auszug des einzigen
Mieters bereits der Kündigungsgrund des fehlenden Wohnbedürfnisses
vorliegen kann. Haben jedoch mehrere Personen gemeinsam gemietet,
so kann nur dann erfolgreich gekündigt werden, wenn der Kündigungsgrund auf alle Mitmieter zutrifft.

Eine spätere Parteienänderung auf Mieterseite, einschließlich der
Möglichkeit, dass mehrere Personen zu Mitmietern werden, kann sich aus
verschiedenen Gründen ergeben. Dazu zählt vor allem der Mietrechtseintritt im Todesfall. Hier treten bei einem gemeinsamen Haushalt neben
dem Ehegatten auch alle Kinder in das Mietrecht ein (Näheres ▶ Seite 141).

Mitmieter einer Wohnung müssen als Einheit gesehen werden, sie
können jeweils nur gemeinsam in einem Verfahren auftreten. Anträge
im Außerstreitverfahren müssen von den Mitmietern gemeinsam gestellt werden, aber auch Kündigungen können immer nur gegen alle
gemeinsam eingebracht werden. Das bloße Verlassen der Wohnung führt
noch nicht zur Beendigung des Mietverhältnisses eines Mitmieters. Will
ein Mitmieter aus einem derartigen Mietverhältnis ausscheiden, müssen
der Vermieter und die anderen Mitmieter einverstanden sein. Der Vermieter verliert einen Schuldner für den Mietzins, die anderen Mitmieter
müssen (anteilig) einen höheren Mietzins bezahlen.

Wird mit dem Vermieter keine Einigung erzielt und soll das Mietverhältnis nicht aufgelöst werden, bleibt auch die nicht mehr in der
Wohnung wohnhafte Person als Mitmieter bei Zahlungsrückständen etc.
gegenüber dem Vermieter haftbar. Für diesen Fall empfehlen wir, dass
die Mitmieter untereinander eine Vereinbarung treffen. Die nicht mehr
wohnhafte Person verzichtet im Innenverhältnis auf ihre Nutzungsrechte
an der Wohnung. Die verbleibenden Mitmieter verpflichten sich zur Zahlung der laufenden Mietzinse etc. und geben eine Schad- und Klagloshal-
tungserklärung für den ausgeschiedenen ab, sollte dieser vom Vermieter
in Anspruch genommen werden.

Mietzins und Wertsicherung

Als weiterer wichtiger Punkt muss im Mietvertrag die Höhe und Art des Mietzinses festgehalten werden. Entweder wird ein Pauschalmietzins (inklusive Betriebskosten und Ähnliches) vereinbart oder ein bestimmter Fixbetrag – Hauptmietzins genannt – festgelegt, zu dem noch die veränderlichen Betriebskosten hinzukommen. Letzteres ist vor allem bei Wohnungen Typ I und II üblich.

Wird die gesonderte Überwälzung der Betriebskosten vereinbart, sollte zumindest der prozentmäßige Anteil der Wohnung an den Betriebskosten im Mietvertrag angegeben sein.

Formulierungsvorschlag zur Wertsicherung

„Der Hauptmietzins wird wertgesichert vereinbart. Die Wertsicherung erfolgt entsprechend der Entwicklung des Verbraucherpreisindex 2015 (VPI 15). Als Basis wird der Wert des VPI 15 im Monat des Vertragsabschlusses vereinbart. Indexveränderungen von mehr als 5 % führen zu einer Anpassung des Hauptmietzinses."

Eine Wertsicherung des Mietzinses muss im Vertrag ausdrücklich vorgesehen werden, andernfalls kann der vereinbarte Betrag auch nicht an die Geldwertentwicklung (Inflation) angepasst werden. Üblicherweise wird eine Wertsicherung anhand der Entwicklung der Richtwerte (► Seite 91) oder der Inflationsentwicklung vereinbart. Dafür müssen ein Gradmesser für die Veränderungen (Verbraucherpreisindex), ein Basiswert (z.B. der Wert im Monat des Vertragsabschlusses) und ein Schwellenwert festgesetzt werden.

Weitere mögliche Vereinbarungen im Mietvertrag

Untermietverbot

Die Vereinbarung eines Untermietverbotes ist zulässig, wird jedoch bei Wohnungen Typ I und II nur unter ganz bestimmten Voraussetzungen wirksam.

Kündigungsmöglichkeit und Kündigungsgrund

Bei befristeten Mietverhältnissen über Wohnungen Typ I, II und III haben Sie als Mieter erst nach Ablauf eines Jahres eine (vorzeitige) gesetzlich vorgesehene Kündigungsmöglichkeit. Möchten Sie erweiterte Kündigungsrechte, z.B. auch im ersten Jahr, so muss dies im Mietvertrag vereinbart werden. Will sich auch der Vermieter die Möglichkeit einer Kündigung beim befristeten Vertrag offenhalten, muss er dies ebenfalls in den Mietvertrag aufnehmen.

Im Mietvertrag können schriftlich zusätzliche Kündigungsgründe für den Vermieter vereinbart werden. Diese müssen jedoch ähnlich wichtig sein wie die gesetzlichen Kündigungsgründe.

Anderes gilt dagegen bei Einfamilienhäusern (Typ IV). Hier ist bei Befristungen die Möglichkeit einer vorzeitigen Vertragsauflösung im Gesetz nicht vorgesehen. In diesen Fällen ist es daher besonders wichtig, bereits im Mietvertrag entsprechende Ausstiegsmöglichkeiten vorzusehen (Näheres zu Befristung und Beendigung ▶ Seite 138).

Kündigungsverzicht

Grundsätzlich kann ein Kündigungsverzicht von beiden Seiten, sowohl Mieter als auch Vermieter, erklärt werden. Das bedeutet praktisch eine bestimmte Mindestmietdauer. Der Kündigungsverzicht des Mieters kann sich nur auf einen bestimmten Zeitraum beziehen; nach der Rechtsprechung ist bei einem unbefristeten Vertrag ein Kündigungsverzicht des Mieter im ersten Jahr zulässig.. Der Verzicht des Vermieters kann sich darüber hinaus auf die Geltendmachung bestimmter Kündigungsgründe erstrecken und/oder für die gesamte Mietdauer erklärt werden.

Weitergaberecht

Das Recht zur Weitergabe der Mietrechte an einer Wohnung bedarf einer gesonderten Vereinbarung, die bereits im Mietvertrag oder auch später getroffen werden kann. Dabei sind drei verschiedene Varianten denkbar:

Selber einen
Nachmieter
bestimmen

Das unbeschränkte Weitergaberecht. Der Vermieter erteilt im Voraus seine Zustimmung zu einem vom Mieter ausgewählten Nachfolger. Der Vertragsübergang erfolgt durch bloße Namhaftmachung des Nachmieters.

Das beschränkte Weitergaberecht. Hier erteilt der Vermieter ebenfalls im Voraus seine Zustimmung zu einem Nachmieter, gegen dessen Person dürfen jedoch keine begründeten sachlichen Bedenken bestehen. In diesem Fall ist dem Vermieter zunächst die Person des in Aussicht genommenen Nachmieters mitzuteilen, um ihm Gelegenheit zur Stellungnahme zu geben. Liegen keine einen Ausschluss begründenden Bedenken vor, so erfolgt der Vertragsübergang ebenfalls mit Erklärung an den Vermieter.

Kleingedrucktes

Vergessen Sie auch nicht sogenannte „Kleinigkeiten" beim Inhalt des Mietvertrages. Wollen Sie ein Haustier (z.B. Hund, Katze) halten, achten Sie darauf, dass im Mietvertrag kein diesbezügliches Verbot enthalten ist. Wo kann das Fahrrad oder der Kinderwagen abgestellt werden? Da regelmäßig nur das Innere einer Wohnung vermietet wird, brauchen Sie eine Genehmigung, um diese Dinge im Hausflur oder im Hof abstellen zu dürfen. Damit es später zu keinen Streitigkeiten kommt, sollte auch dieser Punkt im Mietvertrag berücksichtigt werden.

Das Präsentationsrecht. Der scheidende Mieter hat nur das Recht, einen Nachmieter, mit dem aber ein neuer Mietvertrag abgeschlossen werden muss, vorzuschlagen. Werden die Konditionen dieses neuen Mietvertrages nicht näher festgelegt, so erfolgt der Neuabschluss zu den dann gültigen Bestimmungen.

Vertragsklauseln zur Erhaltung

Die Mietvertragsformulare, die üblicherweise verwendet werden, sehen oft vor, dass die gesamte Erhaltungs(Erneuerungs-)pflicht für das Innere der Wohnung, einschließlich der Geräte und Einrichtungen, auf den Mieter überwälzt wird. Dieser pauschalen Überwälzung auf den Mieter hat der Oberste Gerichtshof mit den sogenannten „Klauselentscheidungen" allerdings eine Abfuhr erteilt. Im Zuge von Musterprozessen, die die Bundesarbeiterkammer eingeleitet hatte, hat der Oberste Gerichtshof (OGH) eine Vielzahl von Vertragsklauseln für ungültig erklärt. Dies regelmäßig mit der Begründung, dass sie für den Mieter benachteiligend seien und einen Verstoß gegen das Konsumentenschutzgesetz darstellten. Mit diesen Entscheidungen wurde den betroffenen Hausverwaltern verboten, diese Klauseln weiter zu verwenden bzw. sich in bestehenden Verträgen darauf zu berufen.

Unwirksame Vertragsklauseln

Der bekannteste Fall betrifft die sogenannte „Ausmalklausel". Im Mietvertrag war vorgesehen, dass der Mieter die Wohnung bei Mietende immer neu ausgemalt zurückstellen müsse. Dies ungeachtet der Mietdauer und des Zustandes der Wandmalerei. Hier hat der OGH zunächst festgestellt, dass die normale Abnützung während der Mietdauer mit dem laufenden Mietzins abgegolten wird. Die generelle Verpflichtung zum neu Ausmalen – unabhängig vom Zustand der Malerei – ist daher grob benachteiligend und unwirksam.

Auf ▶ Seite 69 wird auf die gesetzlichen Wartungs- und Instandhaltungspflichten des Mieters näher eingegangen. Da bei Wohnungen Typ III und IV nur die vertraglich abänderbaren Regelungen des ABGB gelten, sollten Sie bei diesen Mietverträgen besonders auf die Formulierungen im Mietvertrag achten. Ein Streitpunkt war jahrelang die Erhaltungspflicht von mitvermieteten Kombithermen (Heizung und Warmwasser). Dazu hat der Gesetzgeber mit der Wohnrechtsnovelle 2015 ein klare Regelung getroffen: Seit 1. Jänner 2015 ist der Vermieter für die Erhaltung und gegebenenfalls notwendige Erneuerung von mitvermieteten Heizthermen, Warmwasserboilern und sonstigen Wärmebereitungsgeräten zuständig. Davon erfasst sind Hauptmietverhältnisse über Wohnungen Typ I, II und III, auch wenn sie bereits vor dem 1.1.2015 begonnen haben. Die laufende Wartung der Therme (Thermenservice) bleibt hingegen Mietersache.

Zustimmung zu Umbauten

Beabsichtigen Sie als neuer Mieter, größere Umbauten (Veränderungen) vorzunehmen, besprechen Sie dies jedenfalls ausführlich mit dem Vermieter. Unbedingt sollte die zunächst mündlich erteilte Zustimmung im Zuge der Mietvertragsunterzeichnung auch schriftlich festgehalten werden. Ob dies direkt im Mietvertrag oder auf einem gesonderten Blatt Papier erfolgt, ist egal. Erteilt der Vermieter bereits vorab seine Zustimmung, muss nicht erst ein langwieriges Verfahren zur Duldung der Umbauten durchgeführt werden. Dabei ist wichtig, die geplanten Umbauten (Veränderungen) möglichst genau zu beschreiben, am besten natürlich mit (Einreich-)Plan oder zumindest einer Skizze. Sollen Wände durchbrochen, neue Zwischenwände geschaffen, Bad und Etagenheizung eingebaut, die Energieversorgung (Gas, Strom) erneuert werden?

Schriftliche Zustimmung zu Umbauten

Übergabe der brauchbaren Wohnung

Grundsätzlich ist eine Wohnung in brauchbarem Zustand zu übergeben (§ 1096 ABGB). Brauchbar heißt, dass die Wohnung samt den vorhandenen Energieanschlüssen, wie auch vom Vermieter zugesagten Eigenschaften, an sich zum sofortigen Bewohnen geeignet ist. Die dafür erforderlichen Kosten hat der Vermieter zu tragen. Um spätere Streitigkeiten über die zulässige Mietzinshöhe zu vermeiden, empfiehlt sich eine möglichst genaue Beschreibung von Ausstattung und Erhaltungszustand der Wohnung im Mietvertrag.

Überprüfung durch Profis

Haben Sie Zweifel an der Funktionstüchtigkeit von mitvermieteten Gegenständen (Kühlschrank, Backrohr, Geschirrspüler etc.) und bekommen Sie vom Vermieter keine Überprüfungsbefunde, lassen Sie von einem befugten Professionisten (Installateur/Elektriker) einen Befund erstellen. Stellen sich dabei Mängel heraus, verständigen Sie umgehend Ihren Vermieter.

Die Elektrotechnikverordnung sieht seit 2010 einen Mindeststandard für die elektrischen Anlagen von Wohnungen vor. Sie verpflichtet den Vermieter zur Übergabe eines Nachweises über den ordnungsgemäßen Zustand der elektrischen Anlage.

Ist eine Wohnung bzw. sind einzelne Ausstattungselemente (z.B. die Heizung) bei Anmietung nicht brauchbar, sollte im Mietvertrag festgehalten werden, wer sich zur Durchführung und Bezahlung der notwendigen Arbeiten verpflichtet. Dasselbe gilt natürlich, wenn der Vermieter die Wohnung erst sanieren bzw. umbauen soll. Vergessen Sie in diesem Fall nicht, genaue Vereinbarungen zu treffen:

• Welche Arbeiten sind bis zu welchem Endtermin durchzuführen (Plan, Ausstattungsbeschreibung)?
• Sind Sie bis zum Abschluss der Arbeiten von der Zinszahlung befreit?
• Pönalevereinbarung für den Fall der nicht fristgerechten Übergabe der Wohnung?

Bei nicht ordnungsgemäßer Übergabe der Wohnung können Sie als Mieter wählen:

• Vertragsrücktritt wegen Leistungsverzugs (also Aufhebung des bereits geschlossenen Mietvertrages)
• Übernahme unter Geltendmachung der Mängel und einer allfälligen Zinsminderung (► Seite 107)
• Sie stellen den vereinbarten Zustand selbst her und begehren vom Vermieter einen Kostenersatz

Geben Sie dem Vermieter einen festgestellten Mangel jedenfalls sofort mit eingeschriebenem Brief bekannt und setzen Sie eine Frist für die

Gewährleistung nur bei Mietbeginn

Teilen Sie nach Wohnungsübergabe festgestellte Mängel dem Vermieter sofort mit. Nur bei Mietbeginn haben Sie einen besonderen „Gewährleistungsanspruch", womit der Vermieter für den brauchbaren Zustand der Wohnung und ihrer Einrichtungen sorgen muss.

Durchführung der Reparaturarbeiten. Wollen Sie die Wohnung im mangelhaften Zustand nicht übernehmen, sollte der Brief eine angemessene Frist zur Herstellung des vertragsgemäßen Zustandes mit Androhung des Rücktritts vom Vertrag enthalten.

Übernehmen Sie hingegen die Wohnung in Kenntnis der Mängel ohne Vorbehalt, wird dies als nachträgliche einvernehmliche Vertragsänderung aufgefasst; das heißt, Sie haben Ihr Recht auf Geltendmachung einer Zinsminderung verwirkt. Dies betrifft allerdings nicht versteckte Mängel, die erst nach einiger Zeit auftreten.

Mängel bei Übergabe

War die Wohnung bei der Besichtigung eine „Baustelle" und mieten Sie diese Wohnung ohne die Bedingung, dass sie vom Vermieter erst instand gesetzt werden muss, so können Sie im Nachhinein natürlich auch nicht die Herstellung des brauchbaren Zustandes begehren.

Kostenersatz bei Reparaturen

Sollen Sie sich im Mietvertrag verpflichten, sämtliche Einrichtungen und Geräte in der Wohnung nicht nur laufend zu warten, sondern bei Bedarf auch auf Ihre Kosten zu erneuern, ist besondere Vorsicht geboten. Insbesondere bei älteren Geräten (Kühlschrank, Geschirrspüler etc.) müssen Sie damit rechnen, dass bald weitere Kosten auf Sie zukommen. Versuchen Sie daher, vertraglich eine Vereinbarung zur Kostentragung bzw. zum Kostenersatz bei einem notwendig werdenden Gerätetausch zu treffen. Das kann eine Kostenteilung zwischen Vermieter und Mieter sein oder die Vereinbarung eines Ersatzanspruchs, wenn das Mietverhältnis binnen einer bestimmten Frist nach dem Gerätetausch beendet wird. Nur für die Therme bzw. den Warmwasserboiler besteht eine gesetzliche Erhaltungs- und Erneuerungspflicht des Vermieters.

Nur bei Wohnungen Typ I, eventuell auch bei älteren Genossenschaftswohnungen Typ II, können bestimmte Mängel auch zu einer dauerhaften
Mietzinsherabsetzung führen. Dafür ist allerdings Voraussetzung, dass
der Mangel dem Vermieter angezeigt wird und dieser den Mangel nicht
binnen angemessener Frist (maximal drei Monate) behebt (▶ Seite 89).
Sind im Mietvertrag hingegen unrichtige Angaben hinsichtlich Nutzfläche
oder Ausstattung enthalten, so schadet dies alleine noch nicht, da es bei
der Feststellung des zulässigen Mietzinses jeweils auf die tatsächliche
Größe bzw. Ausstattung der Wohnung bei der Anmietung ankommt.

Zahlungen bei Vertragsabschluss

Bei Mietvertragsabschluss ist in praktisch allen Fällen ein bestimmter
Geldbetrag an den Vermieter, Verwalter, Makler oder Vormieter zu bezahlen. Mit sogenannten Ablösen wird oft versucht, die gesetzlichen
Zinsbestimmungen zu umgehen. Es ist daher zwischen zulässigen und
anderen Zahlungen zu unterscheiden. Die zulässige Provisionshöhe für
die Vermittlung eines Mietvertrages durch einen Makler wurde bereits
auf ▶ Seite 31 besprochen.

Neben den gesetzlich normierten Kosten und Höchstbeträgen ist bei
den anderen Zahlungen immer zu prüfen, ob der Mieter für seine Zahlung eine gleichwertige Gegenleistung erhält. Die Einräumung des Miet-
rechtes an sich zählt nicht als gleichwertige Gegenleistung.

Die Bestimmungen über die Unzulässigkeit von Einmalzahlungen an
den Vermieter gelten nur für Wohnungen, für die es auch Obergrenzen
für den Hauptmietzins gibt. Diese Regeln scheiden daher für Wohnungen
Typ III und IV aus. Sie sind weiters bei Wohnungen Typ I, für die ein freier
Mietzins vereinbart werden darf, nicht anwendbar.

Kosten für Vertragserrichtung und -vergebührung

Für die Errichtung eines Mietvertrages über eine Wohnung Typ I und II
darf der Hauseigentümer oder -verwalter selbst kein gesondertes Entgelt

verlangen. Wird der Vertrag jedoch über Auftrag beider Vertragsparteien durch einen Dritten – etwa einen Rechtsanwalt – erstellt, so dürfen dessen Kosten zur Hälfte dem Mieter angelastet werden.

Schriftliche Mietverträge sind gebührenpflichtig, mündliche hingegen nicht. Die Vergebührung ist eine einmalige Zahlung an das Finanzamt für Gebühren und Verkehrssteuern. Vermieter und Mieter haften dem Finanzamt gemeinsam für die Vergebührung eines schriftlichen Mietvertrages. Gebührenpflichtig sind auch schriftliche Vertragsergänzungen, die eine Änderung des Mietzinses oder der Laufzeit bewirken.

Üblicherweise wird zwischen Vermieter und Mieter (zulässigerweise) vereinbart, dass der Mieter den gesamten Vergebührungsbetrag an den Vermieter bezahlt.

Vergebührung: Anmeldung und Einzahlung

Der Vermieter ist nach dem Gebührengesetz verpflichtet, die Höhe der Gebühr selbst zu berechnen und die Vergebührung mittels Formular beim Finanzamt anzumelden und einzubezahlen. Anmeldung und Einzahlung müssen bis Mitte des zweitfolgenden Monats nach Vertragsabschluss erfolgen. Der Vermieter ist zudem verpflichtet, auf allen Vertragsausfertigungen einen Vermerk anzubringen, der die Höhe der Gebühr, das Datum der Selbstberechnung und seine Unterschrift enthält.

Bei rechtzeitiger Vergebührung muss bei mehreren Vertragsausfertigungen (Gleichschriften) die Gebühr nur einmal bezahlt werden. Bei verspäteter Vergebührung fällt die Gebühr (um einen Verspätungsaufschlag

Kosten für die Vergebührung eines Mietvertrages

Ein schriftlicher Mietvertrag über eine Wohnung, Vertragsdauer fünf Jahre, der monatliche Gesamtmietzins beträgt 400 Euro. Es werden zwei Exemplare unterfertigt. Gebührenberechnung (in €):

- Gesamtmietzins pro Monat...............400,00
- Gesamtmietzins für drei Jahre........14.400,00
- davon ein Prozent............................144,00

Der Mieter bezahlt die Gebühr von 144 Euro direkt an den Hausverwalter B., der sie an das Finanzamt abführen muss. Auf schriftlichen Mietverträgen muss der Hausverwalter einen Vermerk über die Höhe der Gebühr, das Datum der Gebührenberechnung und seine Unterschrift anbringen.

erhöht) für jede einzelne Vertragsausfertigung an. Wird ein schriftlicher Mietvertrag nicht vergebührt, stellt dies eine Abgabenhinterziehung dar. Für die Gültigkeit eines schriftlichen Mietvertrages ist die Vergebührung unerheblich.

Die Bemessungsgrundlage ist einerseits von den vertraglich vereinbarten Leistungen (z.B. Miete) und andererseits von der vertraglich vereinbarten Laufzeit abhängig. Zur Bemessungsgrundlage gehören der gesamte (Brutto-)Mietzins und einmalige Leistungen des Mieters (z.B. Investitionsablösen, Verpflichtung zur Durchführung von Erhaltungsmaßnahmen).

Höhe der Vergebührung

Bei Wohnungsmietverträgen stellt der laufende Mietzins für die gesamte Vertragsdauer, maximal jedoch der dreifache Jahresmietzins, zuzüglich allfälliger einmaliger Leistungen die Bemessungsgrundlage dar. Die Gebühr beträgt ein Prozent der Bemessungsgrundlage.

Hinweis. Besteht der Vermieter auf einem Bürgen, der für den Fall der Nichtzahlung des Mietzinses durch den Mieter haftet, hat dies auch Auswirkungen auf die Vertragsgebühr. Sie ist dann doppelt so hoch!

Weitere Informationen zur Vergebührung finden Sie auf der Homepage des Finanzministeriums: www.bmf.gv.at/steuern/a-z/gebuehren gesetz/Folder_Selbstberechnung_Bestandvertragsgebuehr.pdf?5te3kz

Kaution und Mietzinsvorauszahlung

Die Kaution ist eine Sicherstellung für den Vermieter. Damit können etwaige vom Mieter verursachte Schäden oder Mietzinsrückstände abgedeckt werden. Die Kautionshöhe darf im Regelfall sechs Monatsmieten nicht überschreiten. Nur bei besonders wertvoller Wohnungseinrichtung und Ähnlichem kann eine höhere Kaution zulässig sein.

Bei Wohnungen Typ I, II und III muss die Kaution prinzipiell vom Vermieter auf einem Sparbuch fruchtbringend veranlagt werden. (Im Hinblick auf die derzeitigen Zinssätze ein eher theoretisches Verlangen.) Der Gesetzgeber geht davon aus, dass die Kaution vom Mieter bereits in Form eines Sparbuchs übergeben wird. Andernfalls ist sie vom Vermieter auf einem Sparbuch oder in anderer Form mit gleich guter Verzinsung anzulegen. Wichtig ist in diesem Zusammenhang, dass Kautionen im

Fall einer Insolvenz des Vermieters einfach abgesondert werden können. Fällig wird die Kaution zur Rückzahlung, wenn das Mietverhältnis beendet, die Wohnung zurückgestellt worden ist und keine Forderungen des Vermieters bestehen.

Eine echte Mietzinsvorauszahlung liegt vor, wenn sie für einen bestimmten Zeitraum, beispielsweise für 60 Monate, gewidmet ist. Wird das Mietverhältnis vor Ablauf dieses Zeitraumes aufgelöst, so muss der Mieter den noch nicht verbrauchten Anteil zurückerhalten. Ob eine Mietzinsvorauszahlung der Höhe nach auch zulässig ist, kann nur in Zusammenhang mit den laufenden Mietzinsen beurteilt werden. Dabei muss geprüft werden, ob die Summe aus anteiliger Vorauszahlung und laufendem Mietzins den jeweils höchstzulässigen Hauptmietzins überschreitet oder nicht.

Zahlung im Voraus

Investitionskostenersatz und Möbelkauf

Das sind oftmals typische Fälle unerlaubter Ablösen. Hier ist zunächst zu unterscheiden, ob der Vermieter oder der Vormieter Einmalzahlungen für Investitionen oder Einrichtungsgegenstände fordert. Der Vermieter darf nur

- den Investitionskostenersatz gemäß § 10 MRG (▶ Seite 147), den er dem Vormieter schuldet, und
- den Ersatz der Übersiedlungskosten an den Vormieter verlangen (falls es eine entsprechende Verpflichtung dazu gab).

Andere Zahlungen an den Vormieter oder eigene Investitionen des Vermieters dürfen dem neuen Mieter nicht in Rechnung gestellt werden.

Der Vormieter darf dagegen vom Nachmieter jenen Betrag begehren, für den er auch eine gleichwertige Gegenleistung bietet. Maßgebend dabei sind:

- Der jeweilige Wert der getätigten Investitionen, wobei es auf den tatsächlichen und nicht auf den nach § 10 MRG ermittelten (geringeren) Wert ankommt.

- Der tatsächliche Wert von überlassenen Einrichtungsgegenständen.
- Die Übersiedlungskosten des Vormieters, wenn dies ausdrücklich vereinbart wurde.
- Unter Umständen eine Mietzinsersparnis für den neuen Mieter bei Ausübung eines Weitergaberechts. Diese Ersparnis ist nur bei sehr geringem Mietzins denkbar und kann lediglich im Vergleich zum sonst zulässigen Mietzins überprüft werden.

Verzicht auf Kündigungsgründe; Weitergaberecht

Wenn der Vermieter auf die Geltendmachung der beiden Kündigungsgründe Leerstehen und Untervermietung der Wohnung (gemäß § 30 Abs. 2 Z 4 und 6 MRG) verzichtet, so darf er dafür eine Abgeltung bis zur Höhe des zehnfachen Jahreshauptmietzinses verlangen. Allerdings muss dieser Verzicht auch für den Mieter bei Vertragsabschluss wichtig und bedeutsam sein – etwa, weil er eine längere Abwesenheit plant.

Für die Einräumung eines Weitergaberechts darf grundsätzlich kein gesondertes Entgelt begehrt werden. Wurde dennoch ein Weitergaberecht gegen Entgelt vereinbart, so kann dieses, wenn der Betrag rückgefordert wird, auch wieder entzogen werden.

Finanzierungsbeiträge bei Wohnungen Typ II und geförderten Wohnungen Typ I

Bei Genossenschaftswohnungen (Typ II) sind einmalige Finanzierungsbeiträge (Grund- und Baukostenbeiträge) der Mieter bei Wohnungsbezug zulässig. Bei Beendigung eines Mietverhältnisses wird dieser Betrag jährlich um einen Prozentpunkt abgewertet und vom Vermieter dem scheidenden Mieter zurückgezahlt (§ 17 WGG). Die gemeinnützige Bauvereinigung darf diesen Betrag auf den Nachmieter überwälzen (▶ Seite 13). Näheres dazu finden Sie im KONSUMENT-Buch „Genossenschaftswohnungen" (▶ Seite 181).

Ähnlich gestaltet sind die Finanzierungsbeiträge bei gefördert errichteten oder sanierten Wohnungen Typ I. Hier regeln die Landesför-

Finanzierungsbeitrag bei Mietende

derungsgesetze die Höhe des zu zahlenden Beitrages wie auch dessen Rückzahlung bei Vertragsbeendigung.

Rückforderung unzulässiger oder überhöhter Zahlungen

Wird mehr bezahlt, als in den vorangegangenen Punkten angeführt, so kann bei Wohnungen Typ I und II der übersteigende Betrag innerhalb der Verjährungsfrist von zehn Jahren ab Zahlung im Außerstreitverfahren zurückgefordert werden. Bei anderen Wohnungen muss innerhalb von drei Jahren gerichtlich geklagt werden, was jedoch in den seltensten Fällen aussichtsreich erscheint. Eine überhöhte Maklerprovision, die nicht offenkundig unangemessen hoch ist, muss hingegen immer im streitigen Verfahren eingeklagt werden.

Zu viel bezahlte Beträge zurückholen

Abgrenzung Hauptmiete und Untermiete

Da mit verschiedensten Tricks immer wieder versucht wird, den Preis- und Kündigungsschutz einer Hauptmiete zu umgehen, etwa durch Vorschieben eines Strohmannes, ist auf die Unterscheidung von Haupt- und Untermiete besonders zu achten. Die Bezeichnung eines Mietvertrages als Haupt- oder Untermietvertrag ist rechtlich unerheblich. Ein Hauptmietverhältnis liegt dann vor, wenn eine der folgenden Personen vermietet:

- Der Alleineigentümer der Liegenschaft.
- Bei Miteigentum die Mehrheit der Miteigentümer (berechnet nach Anteilen) und
- jeder Minderheitseigentümer, dem aufgrund einer Benützungsregelung das Verfügungsrecht über ein bestimmtes Objekt zusteht; außerdem jeder Minderheitseigentümer, dem die Begründung von Wohnungseigentum zugesagt wurde.
- Bei Wohnungseigentum der Besitzer der zu vermietenden Eigentumswohnung.

- Der Fruchtgenussberechtigte (mehr ▶ Seite 11) einer der aufgezählten Personen – wobei das nicht im Grundbuch eingetragene Fruchtgenussrecht dem eingetragenen gleichgesetzt wird.
- Der Mieter oder Pächter eines ganzen Hauses.

Untermiete liegt hingegen dann vor, wenn der Vertrag mit Personen geschlossen wird, die ihrerseits nur ein vertragsmäßig eingeräumtes Benützungsrecht haben, also etwa Hauptmieter sind.

Hauptmiete als Umgehungsgeschäft

Für Wohnungen Typ I und II sieht die Bestimmung des § 2 Abs. 3 MRG vor, dass bei Vorliegen bestimmter Umstände der nominelle Untermieter den Anspruch hat, als Hauptmieter anerkannt zu werden. Entscheidend für die Anerkennung ist, dass ein Hauptmietvertrag nur zur weiteren Untervermietung – und damit zur Umgehung der Hauptmietrechte – geschlossen wurde, um dem Untermieter den besseren Preis- und Kündigungsschutz eines Hauptmietvertrages vorzuenthalten.

Scheinuntermiete

Entgegen einem weit verbreiteten Gerücht bedeutet eine Untermietdauer von über fünf Jahren für sich alleine noch nicht, dass der Untermieter automatisch zum Hauptmieter wird.

Indizien für einen zwischengeschalteten Hauptmietvertrag sind:

- Die Umgehung der bei einem Hauptmietverhältnis zwingenden Zinsbestimmungen. Um wie viel überschreitet der begehrte Untermietzins den bei Hauptmiete zulässigen Mietzins?
- Die Umstände, die zur Anmietung geführt haben, bzw. der Ansprechpartner für die Wohnung. Wurden die Vertragsverhandlungen mit dem Hauseigentümer oder Hausverwalter geführt? Wird der Mietzins an diesen bezahlt und ist er gleichzeitig auch alleiniger Ansprechpartner hinsichtlich der Wohnung?
- Die Ausstattung und der Zustand der Wohnung. Wurde die Wohnung vor der Untervermietung nicht verbessert bzw. adaptiert? (Besonders häufig bei Wohnungen der Kategorie D.)

- In der Person des Untervermieters gelegene Umstände.
Gibt es ein Naheverhältnis zum Hauseigentümer durch Verwandt-
schaft oder Beteiligung an einer Gesellschaft? Besteht überhaupt
ein Wohnbedürfnis oder verfügt er anderweitig über entsprechende
Wohnmöglichkeiten und hat noch nie in der Wohnung gewohnt?
- Der Untervermieter vergibt mehrere Wohnungen im Haus in
Untermiete.
- Der Untervermieter verfügt selbst nur über einen befristeten
Mietvertrag.

Besteht der begründete Verdacht eines derartigen Umgehungsgeschäftes,
kann der Untermieter einen Antrag auf Anerkennung als Hauptmieter im
Außerstreitverfahren gegen den Hauseigentümer und den angeblichen
Hauptmieter stellen.

Anders als im normalen Verfahren muss hier der Antragsteller nicht
allein die Beweislast tragen. Es genügt, dass der Untermieter den An-
scheinsbeweis für ein Umgehungsgeschäft erbringt, indem er die ihm
bekannten Umstände aufzeigt. Dann ist es Sache der Antragsgegner, die
allein in ihrem Bereich liegenden Umstände, die gegen ein Umgehungsgeschäft sprechen, offenzulegen.

Wird dem Antrag stattgegeben, so wird die Untermiete rückwirkend
zum Vertragsbeginn als Hauptmiete anerkannt, mit allen Konsequenzen
hinsichtlich des Mietzinses. Der ursprüngliche Untermietvertrag wird zu
einem Hauptmietvertrag mit dem Eigentümer, wobei die nicht gegen
zwingende Normen verstoßenden Vertragsbestimmungen aufrecht
bleiben.

*Anerkennung
als Hauptmieter*

Bestimmungen über Benützung und Erhaltung

- Rechte und Pflichten des Mieters
- Regelungen für Typ I bis IV und Untermietwohnungen
- Mitvermietete Einrichtungsgegenstände
- Die Hausbetreuung/der Hausbesorger

Benützungsrecht des Mieters

Mit Anmietung einer Wohnung erwerben Sie als Mieter das Recht, in der Wohnung für die Dauer des Mietverhältnisses ohne Behinderungen wohnen zu können. Der Vermieter ist verpflichtet, Ihnen diese Nutzungsmöglichkeit (den „bedungenen Gebrauch") zu verschaffen und Sie vor Störungen zu schützen (§ 1096 ABGB).

Zum Benützungsrecht an einer Wohnung gehört neben dem ungehinderten Zugang zur Wohnung auch die Mitbenützung von allgemeinen Teilen des Hauses wie Waschküche, Trockenräumen und Ähnlichem. Können derartige Anlagen nur unter Kostenbeteiligung benützt werden, etwa ein Aufzug, so bedarf es einer entsprechenden Vereinbarung.

Wird eine Wohnung aus Gründen, die nicht im Verschulden des Mieters liegen, teilweise oder gänzlich unbrauchbar, tritt die gesetzliche Zinsbefreiung bzw. Zinsminderung gemäß § 1096 ABGB ein. Auf diese Zinsreduktion, die bei Mietverhältnissen über alle Wohnungen (Typ I bis IV) eintritt, kann im Voraus nicht verzichtet werden (Näheres dazu ► Seite 107).

Hausordnung

Schikanöse Einschränkungen sind unzulässig

Der Umfang des Benützungsrechtes wird nicht nur im Mietvertrag, sondern meist auch durch eine spezielle Hausordnung näher geregelt, falls im Vertrag darauf verwiesen wird. Das Benützungsrecht des Mieters ist weiters dadurch beschränkt, dass andere Mieter des Hauses nicht in ihren Rechten gestört werden dürfen (Einhaltung der Nachtruhe – meist 22 Uhr bis 6 Uhr, gesonderte Regelung der Haustierhaltung usw.).

Durch Vertrag oder Hausordnung darf aber keine schikanöse Einschränkung des Benützungsrechtes des Mieters erfolgen. Ihr Recht als Mieter, Besuche zu empfangen, kann durch Vereinbarung nicht ausgeschlossen werden. Eine Einschränkung wird im Einzelfall nur dann möglich sein, wenn Besucher beispielsweise unnötigen Lärm verursachen.

Wohnungszutritt

Aus wichtigen Gründen haben Sie dem Vermieter – bzw. dessen Vertreter – das Betreten Ihrer Wohnung zu gestatten. Etwa bei Gefahr in Verzug, weil ein Rohrgebrechen vorliegt oder zur Überprüfung des Wohnungszustandes – insbesondere, wenn Einrichtungsgegenstände mitvermietet sind. Diese Kontrollen des Vermieters dürfen aber nicht in schikanöser Art (z.B. ohne Ankündigung oder mitten in der Nacht) und nur in angemessenen Zeitabständen erfolgen.

Beeinträchtigungen durch Lärm

Fühlen Sie sich als Mieter durch bestimmte Umstände in Ihrem Benützungsrecht eingeschränkt, so können Sie vom Vermieter im streitigen Verfahren Abhilfe verlangen (z.B. bei Lärmbelästigung durch andere Mieter, etwa eine Gaststätte oder Diskothek). Es bleibt dann dem Vermieter überlassen, wie er dagegen vorgeht. Die Maßnahmen können von einer besseren Schallisolierung bis hin zur Kündigung des Störenden reichen.

Abhilfemaßnahmen durch den Vermieter

Nach der Rechtsprechung kann der Belästigte auch direkt gegen den Störenden vorgehen, und zwar ebenfalls im streitigen Verfahren. Allerdings kann ein derartiges Verfahren, da der Vermieter nicht beteiligt ist, nie zu einer Kündigung, sondern nur zur Verpflichtung der Unterlassung weiterer Störungen führen.

Nebenpflichten

Neben den Hauptpflichten der Vertragspartner, nämlich Bereitstellung der Wohnung und Bezahlung des Mietzinses, entstehen auch Nebenpflichten aus dem Mietvertrag. Eine derartige Nebenpflicht des Vermieters ist beispielsweise, für die ordnungsgemäße Hausreinigung zu sorgen, wenn im Mietvertrag nichts anderes vereinbart wurde. Erfolgt die Reinigung nur unzureichend, können Sie Ihren Anspruch auf ordnungsgemäße Reinigung im streitigen Verfahren gegen den Vermieter geltend machen.

Regelungen für Wohnungen Typ I

Im Folgenden die wichtigsten Bestimmungen hinsichtlich Benützung und Erhaltung für Wohnungen Typ I, Vollanwendungsbereich des MRG. Für Genossenschaftswohnungen (Typ II) sind mit 1.1.2016 umfangreiche gesetzliche Änderungen erfolgt. Mehr dazu finden Sie im KONSUMENT-Buch „Genossenschaftswohnungen" (► Seite 181).

Untervermietung und Mitbewohner

Auch das Recht zur Untervermietung bzw. zur Aufnahme von Mitbewohnern gehört zum Benützungsrecht an einer Wohnung. Es kann, entgegen der in den meisten Mietverträgen enthaltenen Formulierung, vertraglich nicht zur Gänze ausgeschlossen werden.

Überlässt der Hauptmieter die Wohnung oder einen Wohnungsteil gegen Entgelt, so entsteht ein Untermietverhältnis. Kein Untermietverhältnis liegt vor, wenn Familienangehörige in der Wohnung wohnen oder Gäste vorübergehend unentgeltlich aufgenommen werden. Der Hauptmieter ist auf jeden Fall verpflichtet, darauf zu achten, dass keiner der Mitbewohner oder Gäste andere Mieter stört.

Vertragliches Untermietverbot

Ein vertragliches Untermietverbot ist nur bei Vorliegen eines der folgenden wichtigen Gründe wirksam:

- Die Wohnung soll zur Gänze untervermietet werden.
- Der Untermietzins ist, bezogen auf den Hauptmietzins, unverhältnismäßig hoch.
- Die Anzahl der Bewohner übersteigt die Anzahl der Wohnräume einer Wohnung.
- Der Untermieter stört den Frieden der Hausgemeinschaft.

Liegt einer der genannten Gründe vor, so kann der Vermieter die Unterlassung der Untervermietung begehren (§ 11 MRG). Die beiden erstgenannten Gründe sind gleichzeitig Kündigungsgründe gemäß § 30 MRG für den Vermieter gegen den Hauptmieter.

Erhaltungspflicht des Mieters

Die Erhaltungspflicht des Mieters ist im Zusammenhang mit Übernahme und Rückstellung der Wohnung zu sehen:

- Bei Mietvertragsbeginn muss die Wohnung vom Vermieter in brauchbarem Zustand übergeben werden, ausgenommen Wohnungen der Kategorie D.
- Während des Mietverhältnisses trifft die Wartungs- und Instand-haltungspflicht im Wohnungsinneren den Mieter. Davon ausge-nommen sind die weiter unten angeführten drei Sachverhalte, wo die Erhaltungspflicht den Vermieter trifft.
- Bei Mietvertragsende ist die Wohnung in gereinigtem (besen-reinem) Zustand zurückzustellen. Die durch den normalen Gebrauch entstandene Abnützung bleibt unberücksichtigt.

Und so sieht die Erhaltungspflicht des Mieters im Einzelnen aus:

- Der Mieter hat die Wohnung samt den zugehörigen Einrichtungen – im Besonderen Gas-, Wasser-, Lichtleitungen – so zu warten und instandzuhalten, dass dem Vermieter oder anderen Mietern daraus kein Nachteil erwächst (§ 8 MRG). Er hat etwa darauf zu achten, dass die Wasserleitung im Winter nicht einfriert. Bei einer mitver-mieteten Heiztherme muss er die vom Hersteller empfohlene Wartung (Servicearbeiten) durchführen lassen.
- Die Erhaltungspflicht trifft den Mieter nicht, wenn es sich um sogenannte ernste Schäden des Hauses handelt. Das sind Schäden, die den Bauzustand (die Substanz) des Hauses gefährden, z.B. ein Wasserrohrgebrechen in einer Wand. Zur Behebung dieser Schäden ist der Vermieter verpflichtet (► Seite 71). Sobald ein Mieter derartige Schäden erkennt, muss er den Vermieter ver-ständigen, und zwar am besten schriftlich. Unterlässt er diese Meldung, so kann er zum Schadenersatz herangezogen werden.
- Alle anderen Arbeiten (z.B. Erneuerung der Malerei, der Tapeten, Pflege der Fußböden und Ähnliches) obliegen dem Mieter. Genau ge-nommen trifft den Mieter beispielsweise keine Pflicht zur Erneuerung

der Malerei in bestimmten Zeitabständen. Er kann die Erneuerung aber nicht vom Vermieter verlangen. Zur Behebung von Schäden, die vom Mieter bzw. von seinen Mitbewohnern oder Besuchern verursacht wurden, ist der Mieter hingegen immer verpflichtet.

Erhaltungspflicht des Vermieters

Auch den Vermieter treffen bestimmte Erhaltungspflichten (§ 3 MRG). Als wichtigste sind hier anzuführen:

Reparatur-arbeiten

- Erhaltung der allgemeinen Teile des Hauses im jeweils ortsüblichen Standard und Beseitigung erheblicher Gesundheitsgefährdungen. Davon betroffen sind Stiegenhaus, Fassade inklusive Außenfenster, Dächer, Steigleitungen für Wasser, Strom, Gas, Entsorgungsleitungen und Ähnliches.
- Erhaltung von Gemeinschaftsanlagen wie Aufzug, Waschküche, gemeinsame Wärmeversorgungsanlage.
- Arbeiten in den vermieteten Wohnungen; jedoch nur, wenn es sich um die Behebung ernster Schäden oder um die Beseitigung einer vom Mietgegenstand ausgehenden erheblichen Gesundheitsgefährdung oder um die notwendige Reparatur (Erneuerung) einer mitvermieteten Heiztherme, eines Warmwasserboilers oder eines sonstigen Wärmebereitungsgerätes handelt.
- Ebenfalls als Erhaltungsarbeiten im Inneren einer Wohnung gelten jene, die erforderlich sind, um eine Wohnung in brauchbarem Zustand vermieten zu können.

Neben diesen „Reparaturarbeiten" gehören folgende Maßnahmen zur Gruppe der Erhaltungsarbeiten:

- Neueinführungen oder Umgestaltungen kraft öffentlich-rechtlicher Verpflichtungen, z.B. die Installation von Schutzvorrichtungen für die Energieversorgung

- Energiesparende Maßnahmen, wenn die Kosten in einem wirtschaftlich vernünftigen Verhältnis zum Erhaltungszustand des Gebäudes und zu den zu erwartenden Einsparungen stehen
- Die Installation von Messvorrichtungen zur Verbrauchsermittlung, z.B. eigener Wasserzähler je Mietobjekt, wenn eine entsprechende Vereinbarung mit den Mietern vorliegt (► Seite 114)

Zu den ernsten Schäden zählen – sofern sie Auswirkungen auf die ordnungsgemäße Benützung einer Wohnung haben – z.B. folgende:

- Feuchtigkeitsschäden an Wänden, Decken oder Fußböden durch Wasserleitungsgebrechen im Mauerwerk oder schadhafte Dächer bzw. Regenrinnen
- Schäden an Zu- und Abflussleitungen im Mauerwerk
- Fußbodenschäden, die eine gänzliche Erneuerung desselben erfordern
- Schäden am Kaminschacht, wenn Rauchgas austritt oder nicht mehr geheizt werden kann (Heizsperre)
- Schäden an Elektro-, Gas- und Wasserleitungen, wenn Feuer-, Explosions- oder Wasserschäden drohen
- Schimmelbildung, die in den Verputz bzw. ins Mauerwerk eindringt und eine großflächige Verputzerneuerung notwendig macht

Vor- und nachgelagerte Arbeiten

Die Schadensbehebung umfasst immer sämtliche Arbeiten, die damit in ursächlichem Zusammenhang stehen (Verputzarbeiten, Wiederherstellung der Malerei/Verfliesung, Schuttabfuhr usw.). Dieser Grundsatz gilt auch für die Arbeiten im Inneren einer Wohnung.

Eine erhebliche Gesundheitsgefährdung kann bei Wasserleitungen aus Blei, ungeerdeten Elektroinstallationen, massivem Schimmelbefall, aber beispielsweise auch bei Asbest oder anderen gefährlichen Baustoffen auftreten. Nur wenn sich die Gesundheitsgefährdung nicht durch andere den Bewohnern des Hauses zumutbare Maßnahmen abwenden lässt, kann der Vermieter zur Durchführung dieser Arbeiten gezwungen werden.

Eine den Mietern des Hauses zumutbare „andere Maßnahme" ist beispielsweise das Abrinnen-Lassen des Wassers über einen vertretbaren Zeitraum (1 bis 2 Minuten), wenn danach die Grenzwerte für die Bleibelastung im Leitungswasser nicht mehr überschritten werden. Anders sieht es dagegen bei elektrischen Anlagen aus. Der Gesundheitsgefährdung durch eine ungeerdete elektrische Anlage kann de facto nicht durch andere zumutbare Maßnahmen, sondern nur durch die Herstellung einer ordnungsgemäßen Elektroinstallation begegnet werden.

Die Kosten dieser Arbeiten sind aus den eingenommenen Hauptmietzinsen zu bestreiten. Reichen die vorhandenen Mittel bzw. die laufenden Einnahmen dafür nicht aus, so kann der Vermieter eine Mietzinserhöhung beantragen. Wichtig ist in diesem Zusammenhang auch der gesetzliche Auftrag an den Vermieter, die Erhaltung im jeweils ortsüblichen Standard vorzusehen. Damit wird sichergestellt, dass beispielsweise die Stromzuleitungen im heute üblichen Standard und nicht in der ursprünglichen Dimensionierung bei der Gebäudeerrichtung gemacht werden.

Die regelmäßige Durchführung von Erhaltungsarbeiten soll sicherstellen, dass die Mietzinseinnahmen bestimmungsgemäß innerhalb eines 10-jährigen Zeitraumes verwendet werden und sich der Zustand des Hauses nicht laufend verschlechtert. Die Vernachlässigung der Hauserhaltung kann sonst dazu führen, dass eine Renovierung wirtschaftlich nicht mehr vertretbar ist und ein Hausabbruch unumgänglich wird. Kommt der Vermieter seiner Erhaltungspflicht nicht nach, kann jeder einzelne Mieter die Durchführung von Erhaltungsarbeiten im Außerstreitverfahren beantragen (§ 6 MRG).

Besonders dringende Erhaltungsarbeiten

Bestimmte, besonders dringende Erhaltungsarbeiten werden als privilegierte Arbeiten bezeichnet, die ohne langwieriges Verfahren aufzutragen sind. Zur Durchsetzung dieser Arbeiten hat der Mieter auch die Möglichkeit, eine einstweilige Verfügung durch das Gericht (die Schlichtungsstelle wirkt hier nicht mit) zu erwirken (§ 37 Abs. 3 Z 22 MRG). Die Bewilligung einer einstweiligen Verfügung darf nicht vom Erlag einer Sicherheitsleistung abhängig gemacht werden. Für die Kosten der Arbeitsdurchführung besteht zudem ein gesetzliches Vorzugspfandrecht (§ 42a MRG). Als privilegierte Arbeiten gelten folgende Maßnahmen:

- Arbeiten, die aufgrund behördlicher Aufträge vorzunehmen sind (Bauaufträge)
- Arbeiten zur Behebung von Baugebrechen, die die Sicherheit von Personen oder Sachen gefährden (Fassadenschäden)

• Arbeiten, die zur Aufrechterhaltung der Wasser-, Gas-, Elektro- und Beheizungsversorgung sowie der Kanalisation erforderlich sind

Sind nach Durchführung der Erhaltungsarbeiten noch Mittel aus den Hauptmietzinsen vorhanden, so dürfen diese für nützliche Verbesserungen, z.B. Aufzugeinbau, verwendet werden. Die genauen Regelungen sind in den Bestimmungen des § 4 MRG enthalten.

Wiederherstellungspflicht

Wird eine Mietwohnung durch Zufall zur Gänze oder zum Teil unbrauchbar (etwa durch Brand oder Explosion), so trifft den Vermieter eine Wiederherstellungspflicht im Ausmaß der bestehenden Versicherungsleistung.

Veränderungen durch den Mieter

Veränderungen in der Wohnung durch den Mieter bedürfen der Zustimmung des Vermieters. Das ergibt sich aus dem Grundsatz, dass eine Wohnung in dem Zustand zurückzustellen ist, in dem sie übernommen wurde.

Bei folgenden Veränderungen darf der Vermieter seine Zustimmung nicht verweigern:

• Geringfügige Maßnahmen wie Verfliesungen, Errichtung von einfachen Holztrennwänden, Einbaumöbel. Ob bei der Wohnungsrückgabe der ursprüngliche Zustand wiederhergestellt werden muss, hängt von einer allfälligen Vereinbarung ab.
• Alle Arbeiten, die mit der Erhaltungspflicht des Mieters zusammenhängen. Ebenso Arbeiten, die der Mieter (anstelle des Vermieters) zur Brauchbarmachung der Wohnung durchführen muss.
• Verbesserungen, die die folgenden Voraussetzungen erfüllen (§ 9 MRG):
  – Sie entsprechen dem Stand der Technik und werden einwandfrei ausgeführt.

74

– Sie beeinträchtigen nicht die Rechte anderer Mieter bzw. des Vermieters und führen zu keiner Schädigung des Hauses bzw. Gefährdung von Personen und Sachen.
– Sie stellen keine Beeinträchtigung des äußeren Erscheinungsbildes des Hauses dar.
– Sie dienen wichtigen Interessen des Mieters, sind verkehrsüblich und werden vom Mieter bezahlt.

Verkehrsüblich sind Veränderungen gemäß § 9 Abs. 2 MRG dann, wenn sie

• mit öffentlichen Mitteln gefördert werden
• die Errichtung (Umgestaltung) der Wasser- und Energieleitungen oder der sanitären Anlagen betreffen
• energiesparende Maßnahmen darstellen
• der Einleitung eines Telefonanschlusses oder der Anbringung von Antennen dienen

Anzeigepflicht

Wird eine dieser Voraussetzungen erfüllt, so kann der Vermieter seine Zustimmung auch nicht von der Wiederherstellung des ursprünglichen Zustandes bei Wohnungsrückgabe abhängig machen.

Der Hauptmieter hat die geplanten Veränderungen dem Vermieter unter Vorlage von Skizzen bzw. einer Beschreibung der geplanten Änderungen mitzuteilen. Die Zustimmung gilt als erteilt, wenn der Vermieter nicht innerhalb von zwei Monaten das Vorhaben ablehnt (§ 9 Abs. 1 MRG). Verweigert der Vermieter seine Zustimmung, kann der Mieter einen Antrag im Außerstreitverfahren auf Duldungsverpflichtung einbringen.

Es ist jedoch zu beachten, dass für bauliche Änderungen innerhalb der Wohnung oft auch eine Genehmigung der Baubehörde erforderlich ist. Diese Verpflichtung ergibt sich aus den Bauordnungen der einzelnen Bundesländer und muss zusätzlich zur Zustimmung des Vermieters eingeholt werden. Bei der Baubehörde bekommen Sie auch Auskunft, in welcher Form um Genehmigung eingereicht bzw. die Baubehörde verständigt werden muss.

Ein häufiger Streitpunkt ist die Anbringung einer Satelliten-Empfangsanlage. Diese fällt unter den Bereich Antennen und kann – unter

Eine Sat-Schüssel für alle

Wenn Sie die Anbringung einer Satellitenschüssel planen, sprechen Sie mit Ihren Nachbarn, ob diese ebenfalls Interesse daran haben. Eine Mehr-Teilnehmer-Anlage kommt trotz des erforderlichen Verteilers kostenmäßig günstiger (der Anblick mehrerer Sat-Schüsseln nebeneinander ist nicht wirklich schön) und die Dachhaut muss nur einmal geöffnet werden.

der Voraussetzung, dass das äußere Erscheinungsbild des Hauses nicht beeinträchtigt wird – nicht verweigert werden. Der Vermieter kann sich in der Regel auch nicht auf den Standpunkt zurückziehen, im Haus gebe es Kabelfernsehen und man solle sich dort anschließen. Dieser Verweis greift vor allem dann nicht, wenn man ein Satellitenprogramm empfangen möchte, welches nicht im Angebot des Kabelfernsehens ist. Die zu diesem Thema ergangenen Entscheidungen haben in den meisten Fällen festgestellt, dass die Anbringung einer Sat-Antenne vom Vermieter zu dulden ist. Dies natürlich immer nur unter der Bedingung, dass das äußere Erscheinungsbild des Hauses nicht beeinträchtigt wird. Eine Montage an der Straßenfassade, neben dem Fenster, braucht der Vermieter daher nicht zu dulden. Nach den Bauordnungen ist in manchen Fällen eine Baugenehmigung einzuholen. Erkundigen Sie sich daher vorher bei der zuständigen Baubehörde.

Äußeres Erscheinungsbild des Hauses

Duldungspflicht des Mieters

Der Mieter muss gemäß § 8 MRG bestimmte Maßnahmen des Vermieters zulassen, die einen Eingriff in seine Rechte darstellen können. Er hat auch die vorübergehende Benützung seiner Räumlichkeiten zu dulden, wenn Erhaltungs- oder Verbesserungsarbeiten – beispielsweise ein Fenstertausch – sonst nicht oder nur erschwert durchgeführt werden können.

Die vom Vermieter geplanten Maßnahmen im Inneren einer Wohnung bedürfen grundsätzlich der Zustimmung des Mieters und sind unter möglichster Schonung seiner Rechte durchzuführen. Eine dauernde Veränderung des Mietgegenstandes, etwa bei Leitungsführungen, muss der Mieter nur unter bestimmten Voraussetzungen dulden. Die Wichtigste

Aufwand und Dauer klären

Wenn in Ihrer Wohnung Arbeiten durchgeführt werden müssen, klären Sie vorweg den Arbeitsablauf und den Zeitrahmen. Welche Handwerker kommen wann in Ihre Wohnung? Sind Möbel zu verstellen oder Einbaumöbel abzubauen; ist abzuklären, wer diese Arbeiten macht? Wer kommt für die Reinigung auf? Bis wann sind die Arbeiten längstens abgeschlossen? Empfehlenswert ist eine Pönalevereinbarung für den Fall der nicht fristgerechten Arbeitsdurchführung. Eine derartige Vereinbarung müssen Sie mit dem Vermieter (Hausverwalter) als Ihrem Vertragspartner abschließen.

ist, dass keine wesentliche oder dauernde Beeinträchtigung des Mieters erfolgt.

Entschädigung des Mieters

Hat der Mieter ein Benützungsrecht an allgemeinen Hausteilen wie Dachboden oder Hoffläche, so kann ihm dieses unter der Voraussetzung entzogen werden, dass ihm ein gleichwertiger Ersatz geboten oder eine angemessene Entschädigung bezahlt wird.

Beispiel: Soll der bisher zum Wäschetrocknen genutzte Dachboden ausgebaut werden, muss entweder an anderer Stelle eine Trockenmöglichkeit geschaffen oder der Mieter angemessen entschädigt werden.

Kommt es bei diesen Angelegenheiten zwischen Mieter und Vermieter zu keiner Einigung, so kann über Antrag im Außerstreitverfahren geprüft werden, ob die Voraussetzungen für eine Duldungspflicht vorliegen. Ebenso ist in diesem Verfahren über eine allfällige Entschädigung des Mieters zu entscheiden.

Anbotspflicht für Typ I

Eine frei werdende Wohnung der Kategorie D muss dem Hauptmieter einer Nachbarwohnung zur Wohnungszusammenlegung und Standardanhebung angeboten werden, wenn folgende Voraussetzungen erfüllt sind (§ 5 MRG):

- Beide Wohnungen sind in Ausstattungskategorie D – kein Klosett im Wohnungsverband – einzuordnen.

- Die Nutzfläche beider Wohnungen darf 90 m² nicht überschreiten.
- Der Mieter muss sich verpflichten, die Wohnungen zusammen-
  zulegen und die Standardanhebung auf eigene Kosten durchzuführen.
- Der Mieter muss bereit sein, für beide Wohnungen einen Hauptmietzins entsprechend der Kategorie C (seit 1.4.2014 sind das
  1,71 Euro pro m² Nutzfläche) zu bezahlen.

Die Anbotspflicht entfällt, wenn der Vermieter die frei gewordene Wohnung vor einer Neuvermietung selbst verbessert. Ebenso, wenn eine
Standardanhebung bautechnisch nicht möglich oder baurechtlich nicht
zulässig ist.

Regelung für
Typ III, IV und Untermietwohnungen

Für Mietverhältnisse von Wohnungen Typ III und IV sowie für Untermietwohnungen gelten für die Benützung und Erhaltung grundsätzlich die
Bestimmungen des ABGB:

- Der Vermieter hat die Wohnung in brauchbarem Zustand zu
  übergeben und zu erhalten (umfassende Erhaltungspflicht des
  Vermieters). Bei dieser Regelung der Erhaltung im ABGB handelt
  es sich allerdings um ein sogenanntes dispositives (nachgiebiges)
  Recht. Das heißt, durch vertragliche Vereinbarung kann die Erhaltungspflicht zur Gänze auf Sie als Mieter überwälzt werden – Ausnahme Typ III (siehe unten). Dementsprechend wichtig ist es für
  Sie, den Mietvertrag besonders genau zu studieren, um vor un-
  liebsamen Überraschungen gefeit zu sein.
- Der Mieter ist berechtigt, die Wohnung entsprechend der Vereinbarung zu benutzen. Wird er durch den Vermieter oder andere
  Personen daran gehindert oder gestört, so kann er gerichtlich
  Abhilfe begehren.

Allgemeines
Bürgerliches
Gesetzbuch

- Wenn in der Wohnung Reparaturen notwendig werden, hat der Mieter den Vermieter davon unverzüglich zu verständigen. Kommt der Vermieter seiner Erhaltungspflicht nicht nach, kann der Mieter die notwendigen Arbeiten durchführen lassen und vom Vermieter Ersatz verlangen. Schäden, die der Mieter verursacht, muss er jedoch auf eigene Kosten beheben lassen.
- Veränderungen (Verbesserungen) bedürfen immer der Zustimmung des Vermieters, die er von der Wiederherstellung des ursprünglichen Zustandes abhängig machen kann.
- Nach Beendigung des Mietverhältnisses ist die Wohnung in den ursprünglichen Zustand zurückzustellen, wobei die durch den normalen Gebrauch erfolgte Abnützung außer Betracht bleibt.

Diese allgemeinen Regeln können allerdings durch vertragliche Vereinbarungen fast gänzlich abgeändert werden.

Auch bei Typ-III-Wohnungen muss der Vermieter mitvermietete Heizthermen erhalten

Nur für Wohnungsmietverträge im Teilanwendungsbereich des MRG (Wohnungen Typ III) hat der Gesetzgeber eine zwingende Pflicht des Vermieters für die Erhaltung von Heizgeräten normiert, durch den Mietvertrag kann sie daher nicht mehr abgeändert werden. Die Regelung ist jener im Vollanwendungsbereich des MRG (Wohnungen Typ I) angeglichen und erfasst mitvermietete Heizthermen, mitvermietete Warmwasserboiler und sonstige mitvermietete Wärmebereitungsgeräte, die sich in der Wohnung befinden. Diese Bestimmung ist mit 1.1.2015 in Kraft getreten und erfasst auch die zu diesem Zeitpunkt bestehenden Mietverträge. (Hinweis: Diese gesetzliche Bestimmung ist nicht einfach zu finden. Sie lautet „Regelung über die Erhaltung von Wärmebereitungsgeräten im Teilanwendungsbereich des § 1 Abs. 4 MRG", Artikel 4 der Wohnrechtsnovelle 2015, BGBl. I Nr. 100/2014.)

Besonders wichtig für den Mieter sind Umfang und Kosten voraussichtlich notwendiger Erhaltungsarbeiten. Die im ABGB vorgesehene umfassende Erhaltungspflicht des Vermieters kann hier durch Vertrag auf den Mieter überwälzt werden – der Mieter kann also vertraglich verpflichtet werden, die Kosten aller notwendigen Arbeiten zu übernehmen. Sogar die Kosten der Behebung ernster Schäden des Hauses können, wie die Kosten für den Ersatz der natürlichen Abnützung, auf den Mieter überwälzt werden.

Gesamte Erhaltung ist zu zahlen

Bei Wohnungen Typ III und IV gelten ausschließlich die vertraglichen Verein-
barungen, es gilt keine „Schutznorm" wie das MRG. Damit können auch die
Kosten sämtlicher Erhaltungsarbeiten – zusätzlich zum Mietzins – auf den
Mieter überwälzt werden. Achten Sie hier besonders auf die Vereinbarungen
und den Zustand der Wohnung/des Hauses. Bei Unklarheiten lassen Sie
den Vertrag vor Unterfertigung von einer Beratungsstelle überprüfen. Bei
Wohnungen Typ III ist jetzt wenigstens die Erhaltungspflicht mitvermieteter
Wärmebereitungsgeräte zwingend geregelt (▶ Seite 78).

Nur bei der Erhaltungspflicht für mitvermietete Thermen bei Wohnungen
Typ III ist eine Kostenüberwälzung auf den Mieter ausgeschlossen.

Das Benützungsrecht kann ebenfalls eingeschränkt, die Untervermietung untersagt werden.

Die Notwendigkeit einer Zustimmung zu Veränderungen kann selbst
auf Kleinigkeiten wie einen Tapetenwechsel ausgedehnt werden.

Bei Untermietverhältnissen, wo Untermieter und Hauptmieter in derselben Wohnung leben, können im Hinblick auf das Zusammenleben auch
gewisse Einschränkungen zulässig vereinbart werden (Rauchverbot, Be-
suchsverbot und Ähnliches).

Sämtliche Beschränkungen dürfen jedoch die persönliche Freiheit
des Mieters nicht unsinnig gefährden und nicht als Schikane eingesetzt
werden. Dazu gehört etwa ein grundloses Verbot, die Möbel umzustellen
oder zu verrücken.

Mitvermietete Einrichtungsgegenstände

Für gemeinsam mit einer Wohnung gemietete Einrichtungsgegenstände
(beispielsweise Herd, Waschbecken und Möbel) gelten dieselben Bestimmungen wie oben dargestellt, und zwar unabhängig davon, ob ein
Haupt- oder ein Untermietverhältnis vorliegt.

Die Gegenstände sind pfleglich zu behandeln und bei Ende des Mietverhältnisses unbeschädigt zurückzustellen. Bei übermäßiger Abnutzung
bzw. Beschädigung wird der Mieter schadenersatzpflichtig.

Die Hausbetreuung/der Hausbesorger

Der Hauseigentümer hat gegenüber den Mietern die Verpflichtung, für die gefahrlose Benützung der allgemeinen Teile des Hauses zu sorgen. Dazu gehören Gänge, Stiegen, Gehsteige und dergleichen. Diese Pflicht umfasst aber auch die Stiegenhausbeleuchtung und die regelmäßige Hausreinigung einschließlich Schneeräumung. Und vor dem Haus müssen im Winter die Gehsteige bei Bedarf geräumt und bestreut werden. Zieht sich zum Beispiel ein Passant wegen mangelnder Schneeräumung eine Verletzung zu, haftet der Liegenschaftseigentümer.

Ob sich nun der Vermieter dazu einer Reinigungsfirma oder eines Hausbetreuers bedient oder ob er die Arbeiten selbst ausführt, bleibt ihm überlassen. Die Mieter haben darauf keinen Einfluss. Möglich ist daneben auch eine Vereinbarung, wonach die Mieter eines Hauses gewisse Pflichten selbst übernehmen. Wird die Reinigung nur mangelhaft durchgeführt, kann der Mieter im streitigen Verfahren eine Klage gegen den Vermieter einbringen.

Im Hausbesorgergesetz (HBG) war ein genauer Leistungskatalog enthalten, welche Arbeiten ein angestellter Hausbesorger durchzuführen hat; ebenso war darin die Entlohnung geregelt. Obwohl dessen Bestimmungen nur mehr für die bereits vor dem 1. Juli 2000 begonnenen Hausbesorger-Dienstverhältnisse gelten, bleibt der im HBG enthaltene Aufgabenkatalog weiterhin „Richtschnur" für den Umfang einer ordnungsgemäßen Hausreinigung. Die Aufgaben eines Hausbesorgers nach dem außer Kraft getretenen HBG:

- Das Reinigen der allgemein zugänglichen Stiegen und Gänge, wobei sie zweimal wöchentlich zu kehren und einmal nach dem Kehren zu waschen sind.
- Das Reinigen der Höfe durch einmaliges Kehren pro Woche.
- Das Reinigen der Waschküche, des Wäschetrockenraumes und des Kellers (ausgenommen Kellerabteile) einmal monatlich.
- Das Putzen der Stiegenhaus- und Gangfenster dreimal jährlich in angemessenen Zeitabständen, sofern diese Arbeiten ohne besondere Gefahr durchgeführt werden können.
- Das Reinigen und Bestreuen der Gehsteige bei Schnee und Glatteis.

- Die Wartung der Hausbeleuchtung und der Wasserleitung, soweit dafür keine besonderen fachlichen Kenntnisse erforderlich sind.
- Das Zusperren und Öffnen des Haustors auf Verlangen eines Berechtigten während der Haustorsperre, wenn keine Gegensprechanlage oder Toröffnungsanlage vorhanden ist.
- Die Verständigung des Vermieters (Verwalters) von aufgetretenen Schäden und Gebrechen.

Alles über den Mietzins

- Mietzins, Mietzinsbestandteile, Untermietzins
- Entgelt für mitvermietete Einrichtungsgegenstände
- Zinsminderung

Mietzins – Mietzinsbestandteile

Für die Überlassung einer Wohnung im Rahmen eines Mietverhältnisses ist der vereinbarte Mietzins zu bezahlen. Werden keine besonderen Zahlungsmodalitäten vereinbart, so muss er am Monatsfünften beim Vermieter eingelangt sein.

Zusammensetzung des Mietzinses

Die Mietzinsbildung bei Wohnungen Typ I ist primär im Mietrechtsgesetz (MRG) geregelt. Daneben enthalten fast alle Wohnbauförderungsgesetze eigene Mietzinsvorschriften, die als Spezialnorm jeweils Vorrang genießen. Der Bereich der Mietzinsbildung ist damit die umfangreichste Materie im gesamten Wohnrecht.

Für Genossenschaftswohnungen (Wohnungen Typ II) ist die Entgeltsbildung im WGG geregelt. Mehr dazu finden Sie im KONSUMENT-Buch „Genossenschaftswohnungen" (▶ Seite 181).

Der Mietzins für eine Wohnung Typ I besteht aus

- dem Hauptmietzins,
- dem Anteil an den Betriebskosten,
- dem Anteil an besonderen Aufwendungen (z.B. einem Aufzug als Gemeinschaftsanlage),
- dem angemessenen Entgelt für mitvermietete Einrichtungsgegenstände und sonstige Leistungen.

Weiters darf der Vermieter die auf den Mietzins entfallende Umsatzsteuer verrechnen. Diese beträgt bei Wohnräumen im Regelfall 10 Prozent. Nur für mitvermietete Einrichtungsgegenstände, Garagen- und Kfz-Abstellplätze sowie für Wärme- oder Energielieferungen beträgt die Umsatzsteuer 20 Prozent.

Hauptmietzins bei Wohnungen Typ I

Das aktuelle System der Hauptmietzinsbildung bei Neuvermietungen gliedert sich im MRG seit dem 1. März 1994 (3. Wohnrechtsänderungsgesetz) in drei Gruppen:

• angemessener Hauptmietzins
• Richtwerthauptmietzins
• Kategoriehauptmietzins

Als Sonderfall ist der wegen Erhaltungsarbeiten zeitlich befristete erhöhte Hauptmietzins zu nennen.

Wurde eine Wohnung mit Förderungsmitteln errichtet oder saniert, sehen die Wohnbauförderungsbestimmungen meistens besondere Mietzinsregeln vor. Ebenso für den Fall, dass die Förderungsmittel vorzeitig zurückbezahlt wurden. Bei einer begünstigten vorzeitigen Rückzahlung von Wohnhauswiederaufbau-Fondsmitteln (bis 31. Dezember 1982) gelten bei Neuvermietungen keine Mietzinsbegrenzungen. Hier darf ein „freier" Hauptmietzins – wie sonst nur für Wohnungen Typ III und IV – begehrt werden.

Das MRG ist als Schutzgesetz konzipiert, da der Mieter bzw. Wohnungssuchende unter dem wirtschaftlichen Druck steht, „alles unterschreiben zu müssen", um eine Wohnung zu bekommen. Deshalb führt eine Überschreitung der jeweiligen Zinsobergrenzen bei Vertragsabschluss regelmäßig zu einer Teilnichtigkeit dieser vertraglichen Bestimmung. Die übrigen Vereinbarungen des Mietvertrages bleiben aufrecht.

Zu beachten ist, dass sich die Zinsbildung meist nach den bei Vertragsabschluss geltenden Vorschriften richtet. Deshalb können bei älteren Mietverträgen (Mietbeginn vor 1982) auch heute noch die Bestimmungen des Mietengesetzes maßgebend sein.

Dazu ein kurzer historischer Überblick. Im Jahr 1922 wurde das Mietengesetz (MG) als erstes umfassendes Schutzgesetz für Mieter beschlossen. Nach vielen Novellierungen ist das Mietengesetz mit 31.12.1981 außer Kraft getreten und vom Mietrechtsgesetz 1982 (MRG) abgelöst worden. Das MRG selbst hat seither auch schon wieder etliche Novellierungen erfahren.

Der Hauptmietzins nach dem MG wurde auf Grundlage der Jahresmietzinse 1914 (Friedenskronen) bemessen. Ab 1951 betrug der Hauptmietzins 1,00 Schilling je Friedenskrone; das entsprach bei Wohnungen rund 1,00 Schilling (0,07 Euro) je Quadratmeter Nutzfläche. Für Neuvermietungen ab dem 1.1.1968 bis 31.12.1981 gab es keine Mietzinsobergrenzen mehr! Nur Substandardwohnungen (WC am Gang) erfuhren ab

1.8.1974 wieder eine Begrenzung des Hauptmietzinses, nämlich 4,00 Schilling (0,29 Euro) je Quadratmeter Nutzfläche.

Mit Inkrafttreten des MRG kam es zu einer Systemumstellung, einschließlich Änderungen bei Altverträgen. Die Wohnungen wurden je nach Ausstattung in die Kategorien A, B, C und D eingeordnet. Bei Neuvermietungen war der Hauptmietzins mit 22,00 Schilling (1,60 Euro) für Kategorie A bis 5,50 Schilling (0,40 Euro) für Kategorie D je Quadratmeter Nutzfläche begrenzt. Als Ausnahme vom Kategoriemietzins gab es den höheren angemessenen Hauptmietzins für Geschäftsräume, Neubauten, Großwohnungen, Wohnungen in denkmalgeschützten Gebäuden und vom Vermieter verbesserte Wohnungen.

Altverträge

Für Altverträge (Mietbeginn vor 1982) mit einem geringen Hauptmietzins konnte dieser durch Vorschreibung eines Erhaltungsbeitrages auf zwei Drittel der neuen Kategoriebeträge angehoben werden (heute Mindestmietzins gem. § 45 MRG). Altmieter mit einem sehr hohen Hauptmietzins (Anmietung 1968 bis 1981) konnten dagegen eine Herabsetzung auf das Eineinhalbfache der neuen Kategoriebeträge begehren.

Ab 1.1.1986 wurde für Kategorie-A-Wohnungen die Begrenzung auf den Kategoriemietzins aufgehoben und stattdessen bei Neuvernietung immer der angemessene Hauptmietzins als zulässig erklärt. Die letzte große Änderung bei den Hauptmietzinsen brachte das 3. Wohnrechtsänderungsgesetz (3. WÄG), wonach für Neuvermietungen ab 1.3.1994 an die Stelle des Hauptmietzinses auf Basis fixer Kategoriebeträge das System des Richtwertes mit Zu- und Abschlägen, die ziffernmäßig nicht bestimmt sind, getreten ist.

Einteilung nach der Ausstattung

Grundlage für die Mietzinsbildung bei Richtwert-, Kategorie- und angemessenem Hauptmietzins ist die Kategorieeinstufung einer Wohnung. Sie ist anhand von Ausstattung und Wohnungszustand zum Zeitpunkt des Mietvertragsabschlusses vorzunehmen. Verpflichtet sich der Vermieter, vor Wohnungsübergabe noch Arbeiten in der Wohnung durchzuführen, z.B. Einbau einer Gasetagenheizung, und führt er diese tatsächlich durch, so ist dieser Ausstattungszustand der Kategorieeinstufung zugrunde zu legen. Hat hingegen der Neumieter dem Vormieter einen berechtigten Investitionskostenersatz für standardanhebende Maßnahmen gemäß § 10 MRG geleistet, dann gilt für die Mietzinshöhe jene Ausstattungskategorie, die bereits vor den Aufwendungen des Vormieters gegeben war.

Die Kategorieeinstufung bleibt auch dann unberührt, wenn in der Wohnung während des aufrechten Mietverhältnisses Veränderungen vorgenommen werden und keine neue Zinsvereinbarung getroffen wird.

Kategorieeinstufung und -merkmale

Um eine Wohnung in eine Kategorie einstufen zu können, müssen folgende Mindesterfordernisse erfüllt sein (§ 15 a MRG):

Kategorie A. Die Wohnung muss sich in brauchbarem Zustand befinden und mindestens 30 Quadratmeter Nutzfläche aufweisen. Sie muss weiters über Zimmer, Küche oder Kochnische, Vorraum, Klosett, Baderaum oder -nische sowie Warmwasseraufbereitung für Bad und Küche, Zentral- oder Etagenheizung verfügen.

Kategorie B. Die Wohnung muss in brauchbarem Zustand sein und über Zimmer, Küche oder Kochnische, Vorraum, Klosett, Baderaum oder -nische verfügen.

Kategorie C. Die Wohnung muss in brauchbarem Zustand sein und über eine Wasserentnahmestelle und ein Klosett verfügen.

Kategorie D. Umfasst Wohnungen, in denen eine Wasserentnahmestelle oder ein Klosett bzw. beides fehlt. Weiters alle Wohnungen, die bei Mietbeginn unbrauchbar waren und vom Vermieter trotz Mängelanzeige nicht binnen maximal drei Monaten instand gesetzt wurden.

Kategorieausgleich. Ein fehlendes Ausstattungsmerkmal kann durch ein oder mehrere Ausstattungsmerkmale einer höheren Kategorie ausgeglichen werden – so ersetzt z.B. eine Etagenheizung einen fehlenden

Vorraum für die Kategorie B. Eine fehlende Badegelegenheit kann jedoch nicht ersetzt werden.

Zu den Kategoriemerkmalen gehören im Einzelnen:

Baderaum oder -nische. Ist die Badegelegenheit (Bad oder Dusche) nicht in einem eigenen Raum installiert, so muss der Badeteil so abgetrennt sein, dass beide Raumteile für sich ohne wesentliche Beeinträchtigung benutzbar sind. Das Bad muss dem zeitgemäßen Standard – Bau- und Förderungsvorschriften, flüssigkeitsdichte Beläge, beheizbar und Lüftung – entsprechen.

Küche oder Kochnische. Es muss zumindest eine Koch- und eine Spülgelegenheit vorhanden sein. Zur genaueren Bestimmung sind auch hier die jeweils gültigen Bau- und Förderungsvorschriften heranzuziehen.

Zentral- oder Etagenheizung. Fest eingebaute Heizung mit automatischer Energielieferung, die keiner ständigen Bedienung bedarf. Damit scheiden alle Beheizungsmöglichkeiten aus, die händisch befüllt oder entleert werden müssen. Mit der Heizung müssen alle Aufenthaltsräume der Wohnung einschließlich der Küche beheizbar sein. Ob die Heizung eine Wohnungsetagenheizung ist oder an eine Hauszentralheizung bzw. Fernwärme angeschlossen ist, bleibt unbeachtlich.

Vorraum. Der Vorraum muss eine gewisse räumlich Trennung von den übrigen Räumen aufweisen. Ist der vom Stiegenhaus unmittelbar betretbare Raum auch mit einer Küchenzeile ausgestattet, so liegt kein Vorraum vor.

Brauchbarkeit der Wohnung. Brauchbar ist eine Wohnung dann, wenn sie zum sofortigen Bewohnen geeignet ist, also keine gröberen, der Benützung hinderlichen Mängel aufweist. Unbrauchbar ist eine Wohnung, wenn etwa die Energieversorgung fehlt oder die Wohnung noch im Zustand einer Baustelle vermietet wird. Ebenso gilt „Unbrauchbarkeit", wenn die elektrische Anlage – zumindest in den Nassräumen – lebensgefährlich ist und die Behebung dieses Mangels erhebliche Kosten verursacht.

Brauchbarkeit der Wohnung oder eines Ausstattungsmerkmales, zeitgemäßer Standard der Badegelegenheit – Mängelanzeige. Da die Ausstattungskategorie einer Wohnung bei Mietvertragsbeginn für die Ermittlung der zulässigen Hauptmietzinshöhe maßgebend ist, hat der Gesetzgeber eine umfassende Bemängelungspflicht für den Mieter eingeführt. Will der Mieter wegen eines Mangels eine Herabsetzung der Kategorieeinstufung und damit auch des Hauptmietzinses erreichen, so muss er diesen Mangel zunächst dem Vermieter anzeigen. Dieser Mängelrüge unterliegen:

- die Unbrauchbarkeit der Wohnung an sich, z.B. fehlende oder gefährliche Elektroinstallationen
- die Unbrauchbarkeit eines Kategoriemerkmales, z.B. nicht funktionsfähiger Kochherd
- das Fehlen des zeitgemäßen Standards der Badegelegenheit, z.B. keine entsprechende Entlüftungsmöglichkeit im Badezimmer

Aus Beweisgründen empfiehlt es sich, derartige Bemängelungen immer schriftlich, mit eingeschriebenem Brief, vorzunehmen.

Der Vermieter hat jetzt die Möglichkeit, den angezeigten Mangel binnen angemessener Frist, höchstens aber binnen drei Monaten, zu beheben und damit den brauchbaren Zustand herzustellen. Unterlässt der Vermieter dagegen die fristgerechte Mängelbehebung, gilt das Merkmal als fehlend und damit die niedrigere Kategorie. Um den Hauptmietzins der niedrigeren Ausstattungskategorie anzupassen, muss der Mieter aber ein Mietzinsüberprüfungsverfahren einleiten (siehe im Folgenden).

Mängelrüge

Genaue Überprüfung bei Übergabe

Überprüfen Sie den Zustand der Wohnung und der Einrichtungen in der Wohnung bei der Anmietung bzw. nach der Wohnungsübergabe genau. Überprüfen Sie auch im Hochsommer die Funktionsfähigkeit der Heizung, wenn Sie in dieser Jahreszeit die Wohnung übernehmen. Nur bei Anmietung haben Sie einen Anspruch auf Herstellung des brauchbaren Zustandes durch den Vermieter.

Bevor Sie selbst Umbauten vornehmen oder einen Mangel beheben, den der Vermieter trotz Mängelanzeige nicht behoben hat, dokumentieren Sie den Zustand der Wohnung bzw. Einrichtung genau. Fotos, Videos, Befunde von Professionisten, aber auch Besichtigungen durch Freunde oder Bekannte können in einem späteren Verfahren eine wertvolle Hilfe sein.

Der Richtwerthauptmietzins

Die gesetzlichen Bestimmungen sehen bei Neuvermietungen ab dem 1. März 1994 für Wohnungen der Kategorien A, B und C den sogenannten Richtwerthauptmietzins gemäß § 16 Abs. 2 bis 4 MRG als Regelfall vor. Ausnahmen von dieser Zinsbildungsvorschrift, beispielsweise den angemessenen Hauptmietzins, ▶ ab Seite 96.

Der Richtwerthauptmietzins für eine bestimmte Wohnung ist ziffernmäßig nicht festgelegt, sondern wird ausgehend von einem je Bundesland ermittelten Richtwert berechnet. Zu diesem Richtwert kommen im Einzelfall Zuschläge oder Abstriche. Daraus ergibt sich dann der höchstzulässige Hauptmietzins für eine Wohnung.

Richtwert für die mietrechtliche Normwohnung

Eine mietrechtliche Normwohnung ist eine Wohnung

- der Ausstattungskategorie A mit einer Nutzfläche zwischen 30 und 130 m²,
- in einem Gebäude mit ordnungsgemäßem Erhaltungszustand,
- auf einer Liegenschaft mit durchschnittlicher Lage (Wohnumgebung).

Für eine derartige Normwohnung wird auf Grundlage der Herstellungskosten für geförderte Neubauwohnungen vom Bundesminister für Justiz ein Richtwert für jedes einzelne Bundesland festgesetzt. Die gesetzlichen Bestimmungen dafür sind in einem eigenen Bundesgesetz, dem Richtwertgesetz (RichtWG), enthalten.

Der Richtwert wird nach Anhörung eines Beirates kundgemacht und stellt den Hauptmietzins je Quadratmeter Nutzfläche und Monat dar. Mit

Welche Zinsbildung für welche Wohnung?

In dieser Übersicht wird für Wohnungen der einzelnen Ausstattungskategorien die am häufigsten anzuwendende Zinsbildungsart dargestellt. Bei allen diesen Beispielen sind aber auch Ausnahmen möglich, das heißt, dass eine andere Zinsbildungsart zur Anwendung gelangen kann.

Wohnung im Altbau (vor 1945)	häufigste Zinsbildung
Ausstattungskategorie A bis 130 m²	Richtwerthauptmietzins
Ausstattungskategorie A größer als 130 m²	angemessener Hauptmietzins
Ausstattungskategorie B bis 130 m²	Richtwerthauptmietzins
Ausstattungskategorie B größer als 130 m²	angemessener Hauptmietzins
Ausstattungskategorie C	Richtwerthauptmietzins
Ausstattungskategorie D	Kategoriehauptmietzins

der Kundmachung sind auch die bei der Ermittlung berücksichtigten Anteile für die Grund- und Baukosten sowie die Kosten für Gemeinschaftseinrichtungen gesondert auszuweisen.

Diese Richtwerte werden entsprechend der Veränderung des Verbraucherpreisindex im Regelfall jedes zweite Jahr ab 1. April angepasst. Die letzte Anpassung zum 1. April 2017 erfolgte ausnahmsweise erst nach drei Jahren, die nächste soll in zwei Jahren, zum 1.4.2019, folgen.

Ermittlung des Richtwerthauptmietzinses

Die Ausstattung und Lage einer Wohnung ist zunächst mit jener der mietrechtlichen Normwohnung zu vergleichen. Ergeben sich bei diesem Vergleich Abweichungen von der mietrechtlichen Normwohnung, sind entsprechende Zuschläge zum oder Abstriche vom Richtwert vorzunehmen (§ 16 Abs. 2 bis 4 MRG).

Bei Ermittlung der Höhe der Zuschläge und Abstriche ist von der allgemeinen Verkehrsauffassung und der Erfahrung des täglichen Lebens auszugehen. Für die Summe der jeweiligen Zuschläge zum oder Abstriche vom Richtwert ist keine Höchstgrenze vorgesehen. Folgende Kriterien sind bei der Bewertung zu berücksichtigen:

Die Ausstattungskategorie. Bei Wohnungen der Kategorien B und C sind für das fehlende Bad bzw. die fehlende Etagenheizung entsprechende Abstriche vorzunehmen. Die Höhe dieser Abstriche soll sich am Wertverhältnis zwischen dem Richtwert und der Mietzinshöhe für Kategorie D orientieren. Beispiel: 50 Prozent Abstrich vom Richtwert für die Kategorie C und 25 Prozent Abstrich vom Richtwert für die Kategorie B.

Die sonstige Wohnungsausstattung und das Wohnungszubehör. Die bessere bzw. schlechtere Ausstattung oder Grundrissgestaltung einer Wohnung im Vergleich zu anderen Wohnungen derselben Kategorie ist zu bewerten. Das ist etwa ein Badezimmer mit Badewanne und zusätzlich einer Dusche bei Wohnungen der Kategorie B. Bei der Zuschlagsermittlung ist von den Herstellungskosten des zusätzlichen Merkmals auszugehen. Ebenso zu berücksichtigen sind zur Wohnung gehörende Balkone oder Terrassen, Keller oder Dachbodenräume, die Möglichkeit zur Gartenbenützung und Ähnliches.

Zu- und Abschläge

Die Lage der Wohnung im Haus. In welchem Stockwerk liegt die Wohnung, ist sie straßen- oder hofseitig orientiert, hat sie Nord- oder Südlage?

Der Erhaltungszustand des Hauses. Bei Ermittlung des Richtwerts wird von einem ordnungsgemäßen Erhaltungszustand des Hauses aus-

Entwicklung der Richtwerte (pro m² und Monat in Euro)

wirksam ab	1.4.2008	1.4.2010	1.4.2012	1.4.2014	1.4.2017
Burgenland	4,31	4,47	4,70	4,92	5,09
Kärnten	5,53	5,74	6,03	6,31	6,53
Niederösterreich	4,85	5,03	5,29	5,53	5,72
Oberösterreich	5,12	5,31	5,58	5,84	6,05
Salzburg	6,53	6,78	7,12	7,45	7,71
Steiermark	6,52	6,76	7,11	7,44	7,70
Tirol	5,77	5,99	6,29	6,58	6,81
Vorarlberg	7,26	7,53	7,92	8,28	8,57
Wien	4,73	4,91	5,16	5,39	5,58

Ermittlung von Zuschlag oder Abstrich (Beispiel)

Vom Verkehrswert der Liegenschaft wird ein Grundkostenanteil von 370 Euro je m² Wohnnutzfläche ermittelt. Im Richtwert wurde ein Grundkostenanteil von 135 Euro je m² Wohnnutzfläche berücksichtigt. Die Differenz beträgt daher 235 Euro. Der höchstzulässige Lagezuschlag zum Richtwert beträgt in diesem Fall 0,78 Euro je m² Wohnnutzfläche und Monat (= 0,33 Prozent von 235 Euro).

gegangen (§ 2 Abs. 2 RichtWG). Dieser Erhaltungszustand liegt nicht vor, wenn dringende Erhaltungsarbeiten am Haus (Versorgungsleitungen, Baugebrechen) anstehen. Ist das der Fall, so sind Abstriche vom Richtwert vorzunehmen.

Gemeinschaftseinrichtungen im Haus. Verfügt das Haus über Gemeinschaftseinrichtungen (Garagen, Aufzugsanlagen, Hauszentralheizung, Gemeinschaftsräume), so sind diese als werterhöhende Zuschläge zu berücksichtigen. Die Zuschlagsberechnung wird anhand der Neubaukosten für derartige Einrichtungen vorgenommen, die gemeinsam mit dem Richtwert kundgemacht werden.

Die Lage (Wohnumgebung) des Hauses. Bei der Richtwertermittlung wird von einer durchschnittlichen Lage des Hauses ausgegangen. Diese durchschnittliche Lage ist ebenfalls nach der allgemeinen Verkehrsauffassung zu beurteilen. In den gesetzlichen Bestimmungen (§ 2 Abs. 3 RichtWG) wird nur ein einziges Lagekriterium ausdrücklich definiert: Die Lage des Hauses in einem typischen Gründerzeitviertel ist höchstens als durchschnittlich einzustufen. Hier ist daher kein Lagezuschlag, sondern nur ein Abstrich vom Richtwert zulässig. Unter Gründerzeitviertel wird ein Gebiet verstanden, dessen überwiegender Gebäudebestand in den Jahren 1870 bis 1917 errichtet wurde und ursprünglich kleine, mangelhafte Wohnungen aufwies. Aufgrund der in den letzten Jahren besonders stark gestiegenen Grundkosten und deren Auswirkung auf die Mietzinshöhe wird in Fachkreisen gerade die Frage diskutiert, in welchen Fällen von einer überdurchschnittlichen Lage auszugehen ist, die einen Lagezuschlag überhaupt rechtfertigt. Welche Kriterien sind

Lagezuschlag

Ermittlung des Richtwerthauptmietzinses (Beispiel)

Eine Wohnung der Ausstattungskategorie C in Wien, bestehend aus Zimmer, Vorraum und Gangküche, Nutzfläche 42,18 m². Zusätzlich zu den Mindesterfordernissen – Wasser und Klosett im Wohnungsverband – verfügt sie über eine Duschecke in der Küche, Gasherd und Abwasch mit Warmwasser. Ein Kellerabteil ist mitvermietet, im Haus gibt es eine Waschküche, der Hofgarten kann zum Wäschetrocknen benützt werden. Die Anmietung erfolgte zum 1. Mai 2016.

Ausgangsbasis: Normwohnung Kat. A   **5,39 €/m²**

Ermittlung der Abschläge

Kategorie C .... 50,0 %
Erhaltungszustand .... 5,0 %
straßenseitiger Wohnraum (Lärm) .... 4,0 %
Gangküche .... 2,0 %
WC-Entlüftung mangelhaft .... 2,0 %
Summe .... 63,0 %
Umrechnung auf Geldbetrag
63,0 % von 5,39 € .... − 3,40 €/m²

Ermittlung der Zuschläge

gemauerte Dusche mit Anschlüssen .... 7,0 %
Gasherd und Abwasch mit Anschlüssen ... 6,0 %
Vorraum .... 2,5 %
Waschküche .... 2,0 %
Hofgarten .... 1,0 %
Summe .... 18,5 %
Umrechnung auf Geldbetrag
18,5 % von 5,39 € ....   + 0,99 €/m²

         Richtwertmietzins   **2,98 €/m²**

Für die gegenständliche Wohnung beträgt der monatliche Richtwerthauptmietzins daher 125,70 Euro (42,18 m² x 2,98 €/m²). Lagezuschlag war keiner anzusetzen, weil im Mietvertrag keine Kriterien für einen Lagezuschlag aufscheinen.

dafür heranzuziehen? Die bisherige Rechtsprechung hat dieser Frage nicht viel Beachtung geschenkt, sondern für alle Lagen außerhalb eines Gründerzeitviertels eine Lagezuschlag erlaubt, wenn entsprechend hohe Grundkosten vorliegen. Die Ermittlung eines Zuschlags oder Abstrichs für die Lage des Hauses wird anhand der Grundkosten vorgenommen. Ausgehend vom Verkehrswert der Liegenschaft wird der Grundkostenanteil je Quadratmeter Nutzfläche für eine bestimmte Wohnung ermittelt. Dieser Betrag wird dem Grundkostenanteil aus der Richtwertermittlung gegenübergestellt. Der Zuschlag oder Abstrich für die Lage des Hauses beträgt nunmehr 0,33 Prozent der Differenz der beiden Grundkostenanteile. Die Berücksichtigung eines Lagezuschlags bei der Hauptmietzinsermittlung setzt weiters voraus, dass die dafür maßgebenden Umstände dem Mieter schriftlich bekannt gegeben werden. Spätester Zeitpunkt dafür ist das Zustandekommen des Mietvertrags.

Hauptmietzins für Kategorie D – Kategoriebeträge

Für Wohnungen der Ausstattungskategorie D darf bei Neuvermietung ein Hauptmietzins von 0,86 Euro pro Quadratmeter Nutzfläche verlangt werden. Handelt es sich allerdings um eine brauchbare Wohnung der Kategorie D, so dürfte als Hauptmietzins ein Höchstbetrag von 1,71 Euro pro Quadratmeter Nutzfläche vereinbart werden. Macht der Vermieter davon Gebrauch, so entfällt für ihn die Möglichkeit, vom betreffenden Mieter einen gemäß § 18 MRG erhöhten Hauptmietzins einzuheben.

Substandard-wohnung

Abschlag für befristete Mietverhältnisse

Der Abschlag für befristete Mietverhältnisse beträgt generell 25 Prozent vom sonst zulässigen angemessenen Richtwert- oder Kategoriehauptmietzins.

In den Fällen eines wegen Erhaltungsarbeiten befristet erhöhten Hauptmietzinses ist kein Abschlag vorgesehen. In Wien ist hingegen bei der befristeten Vermietung einer mit Wohnbauförderungsmitteln errichteten oder sanierten Wohnung ebenfalls ein 25-prozentiger Befristungs-abschlag vorgesehen. Kommt es bei befristeten Mietverhältnissen zu einer Verlängerung auf unbestimmte Zeit, so kann ab dem Zeitpunkt der Umwandlung der volle Mietzins ohne Befristungsabschlag begehrt werden. Diese Anhebung setzt aber voraus, dass die ziffernmäßige Gegenüberstellung des Hauptmietzinses mit und ohne Abschlag bereits im Mietvertrag schriftlich ausgewiesen wurde.

Angemessener Hauptmietzins

Der angemessene Hauptmietzins ist ziffernmäßig nicht festgelegt (§ 16 Abs. 1 MRG). Es handelt sich dabei um den für die Wohnung nach Größe, Art, Beschaffenheit, Lage, Ausstattungs- und Erhaltungszustand angemessenen Betrag, bei dessen Ermittlung die ortsüblichen Mietzinse vergleichbarer Wohnungen herangezogen werden.

Voraussetzungen für angemessenen Mietzins

Ein angemessener Hauptmietzins ist für Wohnungen aller Kategorien Typ I zulässig, auf die eine der folgenden Ausnahmen zutrifft:

Geschäftszwecke. Wird ein Mietgegenstand für Wohn- und Geschäftszwecke vermietet und überwiegen vereinbarungsgemäß die Geschäfts(Büro-)zwecke, so gelten die Regeln für Geschäftsräumlichkeiten – immer ein angemessener Hauptmietzins.

Neubau. Die Wohnung liegt in einem Gebäude, für das die Baubewilligung nach dem 8. Mai 1945 erteilt wurde. Oder die Wohnung wurde nach dem 8. Mai 1945 durch einen Um-, Auf-, Ein- oder Zubau neu geschaffen. Das gilt insbesondere für die Neuschaffung von Wohnungen in Althäusern durch Dachgeschoßausbauten mit einer Baubewilligung vor dem 1.1.2002 oder Zubauten mit einer Baubewilligung vor dem 1.10.2006. Später neu geschaffene Wohnungen fallen unter Typ III. Erfolgte die Neuschaffung der Wohnung mit Förderungsmitteln, so gelten die förderungsrechtlichen Mietzinsvorschriften.

Denkmalschutz. Die Wohnung liegt in einem denkmalgeschützten Gebäude und der Vermieter hat zur Erhaltung dieses Hauses nach dem

8. Mai 1945 erhebliche Eigenmittel (neben den Mietzinseinnahmen und öffentlichen Zuschüssen) aufgewendet.

Kategorie A und B und Wohnungsgröße. Die Wohnung ist in die Kategorie A oder B einzustufen, hat eine Nutzfläche von mehr als 130 m² und ist nicht länger als sechs Monate leer gestanden. Bei Durchführung von Verbesserungsarbeiten in der Wohnung verlängert sich diese Frist um ein Jahr.

Nachträgliche Vereinbarung. Nach einer mindestens einjährigen Mietdauer kann bei unbefristeten Mietverhältnissen ein angemessener Hauptmietzins schriftlich vereinbart werden. Die Zustimmung des Mieters erfolgt dabei freiwillig.

Vereinbarung über die Kostentragung von Sanierungsarbeiten. Zur Finanzierung der Kosten von Erhaltungs- und Verbesserungsarbeiten kann zwischen Mieter und Vermieter eine befristete Erhöhung des Hauptmietzinses schriftlich vereinbart werden. Derartige Vereinbarungen dürfen erst nach einer mindestens sechsmonatigen Mietdauer abgeschlossen werden. Im Fall eines befristeten Mietverhältnisses ist eine Erhöhung nur dann zulässig, wenn der Erhöhungszeitraum vor Ablauf des Mietverhältnisses endet. An eine derartige Vereinbarung ist auch der Neumieter einer Wohnung gebunden, wenn ihm Erhöhungsbetrag und -zeitraum schriftlich bekannt gegeben werden. Im Fall eines befristeten Mietverhältnisses wiederum nur dann, wenn der Erhöhungszeitraum vor dem Ablauf des Mietverhältnisses endet.

Befristete Erhöhung wegen Erhaltungsarbeiten

Neuvermietung nach begünstigter Rückzahlung (§ 9 Abs. 4 Rückzahlungsbegünstigungsgesetz 1987). War eine Wohnung zunächst besonderen Mietzinsbeschränkungen aufgrund der Gewährung von Förderungsmitteln (insbesondere nach dem Wohnhaus-Wiederaufbaugesetz und dem Wohnbauförderungsgesetz 1968) unterworfen, so darf nach begünstigter Darlehenstilgung bei neuen Mietverträgen ein angemessener Hauptmietzins begehrt werden. Das gilt für Wohnungen aller Kategorien.

Förderungsrechtlicher Hauptmietzins

Den förderungsrechtlichen Hauptmietzins gibt es im Bereich der Wohnbauförderung bei Neubauten und der Förderung der Wohnhaussanierung bei Altbauten. Er geht den zuvor genannten Bestimmungen über den Richtwert- bzw. angemessenen Hauptmietzins voran. Primär ist der förderungsrechtliche Hauptmietzins an der Kostendeckung orientiert. Die den Vermieter treffenden Rückzahlungsraten bilden dabei die Berechnungsgrundlage. Das System der Hauptmietzinsbildung ist somit grundlegend anders als das bisher Erläuterte. Der Geltungsbereich derartiger Zinsbildungsvorschriften lässt sich hier nicht darstellen. Seit 1945 wurden

Seit 1989 ist Wohnbauförderung Ländersache

nämlich vier große Bundeswohnbauförderungsgesetze mit zahlreichen Novellen erlassen, die teilweise nebeneinander gelten. Seit 1989 ist diese Materie zudem Ländersache. Jedes Bundesland hat daher zumindest ein eigenes Landeswohnbauförderungsgesetz. In Wien ist seit 1.1.2014 bei der befristeten Vermietung einer mit Wohnbauförderungsmitteln errichteten oder sanierten Wohnung ebenfalls ein 25-prozentiger Befristungsabschlag vorgesehen.

Einen ersten Hinweis, ob ein Mietverhältnis möglicherweise diesen Bestimmungen unterliegt, gibt ein Blick in das öffentlich zugängliche Grundbuch. Dort sind im Lastenblatt die Förderungsdarlehen – unter Umständen auch Belastungs- oder Veräußerungsverbote nach den Förderungsgesetzen – eingetragen.

Freier Hauptmietzins

Nur in einem einzigen Fall ist bei Wohnungen Typ I ein freier Hauptmietzins zugelassen. Und zwar, wenn die Behebung von Kriegsschäden an einem Gebäude oder die Neuerrichtung eines Gebäudes aus Mitteln des Wohnhaus-Wiederaufbaufonds finanziert wurde, womit diese Wohnungen zunächst auch restriktiven Mietzinsbestimmungen unterlagen. Wurden die gewährten Förderungsmittel nach den Bestimmungen des Rückzahlungsbegünstigungsgesetzes 1971 zurückbezahlt, so entfällt bei einer späteren Neuvermietung der Preisschutz des MRG (§ 53 MRG). Da hier die Zinsbildungsvorschriften des § 16 MRG (Richtwert- oder angemessener Hauptmietzins) nicht angewendet werden können, darf der Hauptmietzins im Rahmen des ABGB völlig frei vereinbart werden. Damit entfällt praktisch auch das Ablöseverbot, da die Ablöse rechtlich als Mietzinsbestandteil gewürdigt wird. Ebenso besteht keine Überprüfungsmöglichkeit im Außerstreitverfahren.

Aufgrund der Vorschriften über den Wucher (§ 879 ABGB) und der Regelung über die Verkürzung über die Hälfte des wahren Wertes (§ 934 ABGB) ist nur bei einem extrem überhöhten Hauptmietzins eine Bekämpfung der Zinsvereinbarung möglich, die jedoch gleichzeitig zur Vertragsauflösung (Vertragsrückabwicklung) führen kann.

Wucher

Überprüfung der Hauptmietzinshöhe

Die Feststellung der zulässigen Höhe des Hauptmietzinses erfolgt über Antrag des Mieters im Außerstreitverfahren. Mit einem derartigen Antrag ist die Unwirksamkeit der vertraglichen Mietzinsvereinbarung geltend zu machen. Zusätzlich sollte auch eine Überprüfung der bisher bezahlten Hauptmietzinse beantragt werden. Stellt sich in diesem Verfahren heraus, dass ein überhöhter Hauptmietzins gefordert wurde, sind die Vorschreibungen für die Zukunft entsprechend zu senken. Für die Vergangenheit erhält der Mieter eine Rückzahlung.

Bei unbefristeten Mietverhältnissen muss ein solcher Antrag innerhalb von drei Jahren ab Vertragsabschluss (Präklusivfrist) bei der Schlichtungsstelle (dem Gericht) eingebracht werden. Im Fall eines befristeten Mietvertrages beträgt die Frist für einen Antrag an die Schlichtungsstelle sechs Monate nach Vertragsablauf bzw. Umwandlung in ein unbefristetes Mietverhältnis. Bei Fristüberschreitung ist keine Überprüfung mehr zulässig, auch ein an sich überhöhter Hauptmietzins ist damit „saniert".

Fristen sind zu beachten

Die Verjährungsfrist beträgt normalerweise drei Jahre, im Fall befristeter Mietverhältnisse verlängert sie sich bis zur Höchstdauer von zehn Jahren. Für die Dauer eines Mietzinsüberprüfungsverfahrens wird die Verjährungsfrist jedenfalls gehemmt. Das heißt, wenn Sie bei einem unbefristeten Mietverhältnis fristgerecht Ihren Überprüfungsantrag eingebracht haben, schadet auch eine fünfjährige Verfahrensdauer nicht. Ihre Rückforderungsansprüche können deshalb nicht verjähren.

Präklusivfrist einhalten

Die dreijährige Präklusivfrist wird ab Vertragsabschluss berechnet. Haben Sie daher am 15. März 2016 einen unbefristeten Mietvertrag mit Mietbeginn 1. April 2016 abgeschlossen, ist der 15. März 2019 der letzte Tag, an dem die Unwirksamkeit der Mietzinsvereinbarung geltend gemacht und eine Überprüfung der bezahlten Hauptmietzinse begehrt werden kann. Der Antrag muss an diesem Tag bereits bei der Schlichtungsstelle (bei Gericht) eingelangt sein! Um nicht die Möglichkeit der Mietzinsüberprüfung zu verlieren, ist es daher besonders wichtig, nach dem Neuabschluss eines Mietvertrages innerhalb der oben genannten Fristen einen Antrag auf Überprüfung des begehrten Hauptmietzinses einzubringen.

Wertsicherungsvereinbarungen

Keine automatische Wertsicherung

Um den Hauptmietzins den Veränderungen des Geldwerts anpassen zu können, muss eine Wertsicherungsklausel vertraglich vereinbart werden. Derartige Klauseln sind zulässig und gebräuchlich. Eine automatische Wertsicherung einmal vereinbarter Mietzinse gibt es hingegen nicht. Durch die Anwendung einer vereinbarten Wertsicherung dürfen die jeweils geltenden Hauptmietzinsobergrenzen nicht überschritten werden.

Erhöhungen aufgrund von Wertsicherungsvereinbarungen müssen dem Mieter 14 Tage vor dem Zinstermin schriftlich bekannt gegeben werden und wirken nur für die Zukunft. Eine rückwirkende Geltendmachung ist ausgeschlossen. Unrichtige Wertsicherungserhöhungen müssen wiederum binnen drei Jahren bei Gericht (bei der Schlichtungsstelle) geltend gemacht werden, damit sie nicht für die Zukunft wirken. Nur in den Fällen des freien Hauptmietzinses und bei Wohnungen Typ III und IV darf die Wertsicherung auch für die Vergangenheit, innerhalb der dreijährigen Verjährungsfrist, geltend gemacht werden.

Die Kategoriemietzinse

Im Zeitraum 1. Jänner 1982 bis 28. Februar 1994 erfolgte die Mehrzahl der Neuvermietungen zu den Kategoriemietzinsen. Seit 1. März 1994

Die Kategoriebeiträge (in Euro)

Wirksam ab	1.6.2001	1.6.2004	1.9.2006	1.9.2008	1.8.2011	1.4.2014
Kat. A	2,64	2,77	2,91	3,08	3,25	3,43
Kat. B	1,98	2,08	2,19	2,31	2,44	2,57
Kat. C	1,32	1,39	1,46	1,54	1,62	1,71
Kat. D brauchbar	1,32	1,39	1,46	1,54	1,62	1,71
Kat. D unbrauchbar	0,66	0,69	0,73	0,77	0,81	0,86

sind die Kategoriebeträge bei Neuvermietungen nur mehr für Kategorie-D-Wohnungen anzuwenden. Entsprechend der Entwicklung der Kategoriebeträge darf auch die Wertsicherung der ursprünglich vereinbarten Kategoriemietzinse vorgenommen werden.

Wertbeständiger Mietzins
(früher: Erhaltungs- und Verbesserungsbeiträge – EVB)

Der Vermieter kann von Altmietern (Mietbeginn vor 1. März 1994), die einen geringen Hauptmietzins bezahlen, einen sogenannten wertbeständigen Mietzins bis zu einer bestimmten Obergrenze einheben (§ 45 MRG). Es handelt sich also de facto um einen Mindestmietzins.

„Mindestmietzins"

Die Einhebung des Mindestmietzinses ist nur dann zulässig, wenn für das Haus weder ein Abbruchauftrag noch eine Abbruchbewilligung vorliegt. Bei der erstmaligen Vorschreibung des Mindestmietzinses muss der Vermieter sein Begehren spätestens einen Monat vor dem Zinstermin jedem Hauptmieter bekannt geben. Das Begehren muss schriftlich erfolgen und alle für die Berechnung maßgebenden Daten enthalten.

Auch hier gilt: Unrichtige (überhöhte) Anhebungen dieses Mindestmietzinses muss der Mieter binnen drei Jahren ab Vorschreibung bei Gericht (bei der Schlichtungsstelle) bekämpfen, damit sie nicht auf Dauer gelten.

Wie viel ist erlaubt?

Die Höhe des Mindestmietzinses (früher: EVB) richtet sich nach der Ausstattungskategorie bei Mietbeginn und dem bisherigen Hauptmietzins. Die Obergrenze für den Mindestmietzins beträgt je m² Nutzfläche der Wohnung (in Euro, Beträge werden nach dem Verbraucherpreisindex wertgesichert):

Kategorie	ab 1.7.2004	ab 1.10.2006	ab 1.10.2008	1.9.2011	1.5.2014
A	1,84	1,93	2,04	2,15	2,27
B	1,39	1,46	1,54	1,62	1,71
C und D brauchbar	0,92	0,97	1,03	1,08	1,14
D unbrauchbar	0,69	0,73	0,77	0,81	0,86

Übergang der Mietrechte – Hauptmietzinsänderung

Bei Eintritt in die Mietrechte in den gesetzlich geregelten Fällen der Abtretung (gemäß § 12 MRG) und des Todesfalles (gemäß § 14 MRG) bleibt das Mietverhältnis aufrecht. Allerdings wechseln auf Mieterseite die Vertragspartner. Unter bestimmten Voraussetzungen hat der Vermieter das Recht, den Hauptmietzins anzuheben. Und so sehen die Regelungen im Einzelnen aus:

• Das Mietverhältnis muss bereits vor dem 1. März 1994 begonnen haben.
• Treten der Ehegatte, der Lebensgefährte oder minderjährige Kinder in das Mietverhältnis ein (privilegierte Personen), so bleibt der Hauptmietzins zunächst gleich hoch wie bisher.
• Treten dagegen andere Personen ein, z.B. volljährige Kinder, so darf der Hauptmietzins auf den neuen Richtwerthauptmietzins, bei Wohnungen der Kategorie D auf den Kategoriebetrag, angehoben werden. Als Obergrenze für die Anhebung sind

3,43 Euro pro Quadratmeter Nutzfläche gesetzlich vorgesehen. Dasselbe gilt, wenn die privilegierten Personen, bei deren Eintritt der Hauptmietzins zunächst nicht angehoben werden durfte, die Wohnung auf Dauer verlassen oder volljährig werden.

Bei der Ermittlung des neuen Hauptmietzinses – gedeckelt mit 3,43 Euro pro Quadratmeter Nutzfläche – ist der Ausstattungszustand der Wohnung zum Zeitpunkt des Mietrechtseintrittes maßgebend! Wurden in der Wohnung vom bisherigen Mieter Verbesserungen vorgenommen, so ist zu prüfen, ob ihm dafür bei Auflösung des Mietverhältnisses ein Investitionskostenersatz gemäß § 10 MRG zustehen würde (▶ Seite 147). Wenn ja, muss der Mieter diesen Ersatzanspruch geltend machen. Der Vermieter darf in diesem Fall die Anhebung des Hauptmietzinses erst nach Befriedigung des Ersatzanspruches oder nach Ablauf des restlichen Abschreibungszeitraumes, gesamt zehn oder zwanzig Jahre nach der Wohnungsverbesserung, vornehmen.

Hauptmietzinsabrechnung und Hauptmietzinsreserve

Über die eingenommenen Hauptmietzinse und die daraus bestrittenen Ausgaben hat der Vermieter bis spätestens 30. Juni des Folgejahres eine Abrechnung zu erstellen. Die Abrechnung muss im Haus an geeigneter Stelle aufgelegt werden. Die zugehörigen Belege hingegen müssen den Hauptmietern nur in geeigneter Weise zugänglich gemacht werden, beispielsweise in der Hausverwaltungskanzlei.

Legen der Abrechnung

Kommt der Vermieter seiner Abrechnungspflicht nicht nach, so kann jeder Mieter die Rechnungslegung im Außerstreitverfahren erzwingen. Für die Durchsetzung dieses Antrags können Ordnungsstrafen bis zu 2.000 Euro, und zwar auch mehrmals, verhängt werden (§ 20 MRG).

Eine inhaltliche Überprüfung der Hauptmietzinsabrechnung im Außerstreitverfahren ist dagegen nur im Fall einer beantragten Hauptmietzinserhöhung bzw. der zwangsweisen Durchsetzung von Erhaltungsarbeiten vorgesehen.

In der Abrechnung sind als **Einnahmen** auszuweisen:

- die entrichteten Hauptmietzinse, erhöhten Hauptmietzinse, Mindestmietzinse (früher Erhaltungs- und Verbesserungsbeiträge)
- die entsprechenden Beträge für die vom Vermieter selbst benützten Mietgegenstände
- die entsprechenden Beträge für Mietgegenstände, die länger als sechs Monate leer stehen; bei Arbeiten zur Standardanhebung einer Wohnung beträgt die Frist 18 Monate
- Zuschüsse (Subventionen), die zur Durchführung von Erhaltungs- bzw. Verbesserungsarbeiten gewährt werden
- Versicherungsvergütungen aus der Hausversicherung
- 25 Prozent der Einnahmen von Reklameflächen am Haus
- unerlaubte Ablösen, die dem Vermieter nach dem 1. März 1994 zugeflossen sind

Als **Ausgaben** dürfen verrechnet werden:

- die nachgewiesenen Kosten von Erhaltungs- bzw. Verbesserungsarbeiten
- zuzüglich 20 Prozent dieser Kosten als Investitionsprämie (Gewinn) des Vermieters – jedoch nur für Zeiträume, in denen kein erhöhter Hauptmietzins eingehoben wurde
- die Rückzahlungsraten von Darlehen für Erhaltungsarbeiten und geförderte Sanierungsarbeiten
- ein dem Vormieter bezahlter und nicht auf den Nachmieter überwälzter Investitionskostenersatz gemäß § 10 MRG
- eine pauschale Abgeltung der Steuerbelastung des Vermieters, jeweils berechnet vom Einnahmenüberschuss des Kalenderjahres: bis 2004 40 % des Überschusses; ab 2005 35 % bei Einkommensteuerpflicht und 25 % bei Körperschaftsteuerpflicht des Vermieters; keine Abgeltung steht zu, wenn im betreffenden Kalenderjahr ein erhöhter Hauptmietzins (§ 18 MRG) eingehoben wurde

Der Unterschiedsbetrag zwischen Einnahmen und Ausgaben ergibt die Mietzinsreserve oder den Mietzinsabgang des Hauses für ein Kalenderjahr. Diese Mietzinsreserven oder -abgänge sind zehn Jahre lang verrechnungspflichtig und für die Kostendeckung von Erhaltungs- bzw. Verbesserungsarbeiten heranzuziehen.

Hauptmietzinserhöhung

Wenn die vorhandenen Mietzinsreserven der letzten zehn Jahre und die künftigen Hauptmietzinseinnahmen nicht ausreichen, um notwendige Erhaltungsarbeiten durchzuführen, kann der Vermieter im Außerstreitverfahren eine Erhöhung der Hauptmietzinse beantragen (§§ 18, 18a, 18b, 19 MRG). In diesem Verfahren zur Hauptmietzinserhöhung kann jeder Hauptmieter Stellungnahmen oder Anträge einbringen.

Der erhöhte Hauptmietzins wird folgendermaßen berechnet: Von der Kostensumme der anstehenden Erhaltungsarbeiten wird die Hauptmietzinsreserve der vergangenen zehn Kalenderjahre abgezogen. Der verbleibende Fehlbetrag wird in den meisten Fällen mit einem zehnjährigen Reparaturdarlehen gedeckt, dessen Rückzahlungsraten auf die Mieter überwälzt werden. Die Kostenaufteilung muss sämtliche Objekte des Hauses berücksichtigen und erfolgt nach Wohnungskategorie und Nutzfläche in einem zweistufigen Verfahren.

Höherer Mietzins wegen Erhaltungsarbeiten

Der erhöhte Hauptmietzins wird vom Gericht (von der Schlichtungsstelle) für jeden Mietgegenstand ziffernmäßig bestimmt und muss von den Mietern auch dann bezahlt werden, wenn er über der Richtwert- oder Angemessenheitsgrenze liegt. Davon sind auch Neumieter betroffen, die erst während des Erhöhungszeitraumes eine Wohnung anmieten.

Für eine Wohnung der Kategorie D, die nach dem 28. Februar 1994 zu einem höheren Hauptmietzins als dem jeweiligen Betrag für Kategorie D unbrauchbar (derzeit 0,86 Euro je Quadratmeter Nutzfläche) neu vermietet wurde, ist die Einhebung eines erhöhten Hauptmietzinses ausgeschlossen. Ebenso für befristete Mietverhältnisse mit einer Mietdauer von weniger als vier Jahren.

Auch geförderte Sanierungsarbeiten – darunter werden Erhaltungs- und Verbesserungsarbeiten verstanden – können zu einer Hauptmietzinserhöhung führen. Die Mieter dürfen jedoch nicht stärker belastet werden, als dies bei Durchführung ungeförderter Erhaltungsarbeiten der Fall wäre.

Entgelt für mitvermietete Einrichtungsgegenstände

Bei Wohnungen Typ I und II darf für die Überlassung von Einrichtungsgegenständen zusätzlich zum Hauptmietzins ein angemessenes Entgelt vereinbart werden (§ 25 MRG). Für kategoriebestimmende Merkmale (z.B. Koch- und Spülgelegenheit, Duschkabine) kommt ein derartiges Entgelt nicht in Betracht. Bei Möbeln ist das angemessene Entgelt folgendermaßen zu berechnen: Ausgehend vom Wert des Möbelstücks und der voraussichtlichen Restlebensdauer ergibt sich ein monatlicher Betrag. Dazu kommen noch ein Gewinnzuschlag für den Vermieter von rund 12 Prozent und die Umsatzsteuer. Das Entgelt für die sonstigen Leistungen, die vom Vermieter erbracht werden, wird nach den ortsüblichen Sätzen berechnet. Zur Überprüfung des Entgelts kann ein Antrag im Außerstreitverfahren eingebracht werden.

Mietzins bei Typ III und IV

Bei Wohnungen Typ III und IV können die bisher dargestellten Zinsbildungsvorschriften nicht angewendet werden. Der Mietzins wird im Rahmen des ABGB völlig frei vereinbart. Dabei ist die Trennung in Mietzins und Betriebskosten ebenso möglich wie die Vereinbarung eines Pauschalmietzinses. Dem Mieter können auch sämtliche Kosten von Erhaltungsarbeiten angelastet werden. Nur bei extrem hohem Mietzins ist eine Anfechtung möglich, die jedoch gleichzeitig zur Vertragsauflösung (Vertragsrückabwicklung) führt.

Freier Mietzins

Untermietzins

Bei Feststellung der zulässigen Höhe des Untermietzinses müssen folgende zwei Gruppen von Wohnungen unterschieden werden:

- Wohnungen, die hinsichtlich des Hauptmietverhältnisses unter Typ III oder IV fallen. Hier gelten für den Untermietzins ebenso wie für den Hauptmietzins nur die Regeln des ABGB.
- Wohnungen, die hinsichtlich des Hauptmietverhältnisses unter Typ I oder II fallen. Nur für diese Mietverhältnisse gibt es eine gesetzliche Regelung im § 26 MRG.

Die Bestimmung des § 26 MRG sieht vor, dass der Untermietzins nicht höher als 150 Prozent des vom Untervermieter entrichteten Hauptmietzinses sein darf. Zusätzlich dürfen die Betriebskosten überwälzt werden. Hat der Untervermieter die Wohnung verbessert und/oder auch Einrichtungsgegenstände mitvermietet, sind diese Leistungen entsprechend zu berücksichtigen.

Maximal zulässiger Untermietzins

Bei nur teilweiser Untervermietung einer Wohnung darf nur ein entsprechend geringerer Untermietzins begehrt werden.

Wird ein höherer Untermietzins vereinbart, so ist der übersteigende Betrag nicht wirksam. Die Überhöhung ist binnen drei Jahren im Außerstreitverfahren geltend zu machen. Handelt es sich um einen befristeten Untermietvertrag, so verlängert sich diese Frist um sechs Monate ab Beendigung oder Umwandlung in ein unbefristetes Untermietverhältnis. Die normale Verjährungsfrist von drei Jahren verlängert sich in diesen Fällen auf bis zu zehn Jahre. Die Regelung zur Zinsüberprüfung ist daher dieselbe wie bei Hauptmietverhältnissen über Wohnungen Typ I (► Seite 99).

Zinsminderung bei aufrechtem Mietverhältnis

Eine Zinsminderung nach § 1096 ABGB tritt bei teilweiser oder gänzlicher Unbrauchbarkeit des Mietgegenstandes kraft Gesetzes ein. Sie gilt für alle Mietverhältnisse, Geschäftsräumlichkeiten und Wohnungen und lässt sich nicht vertraglich ausschließen.

Gründe für die (teilweise) Unbrauchbarkeit einer Wohnung können in Bau- oder Leitungsgebrechen (z.B. Sperre der Gas- oder Elektroleitungen) liegen. Ebenso kann aber auch übermäßiger Baulärm zu einer teilweisen Unbrauchbarkeit einer Wohnung führen. Auf ein Verschulden des Vermieters kommt es jedenfalls nicht an.

Für die Dauer der (teilweisen) Unbrauchbarkeit muss der Mieter daher nur den verminderten bzw. gar keinen Mietzins bezahlen. Von der Mietzinsminderung ist immer der gesamte Mietzins (also einschließlich Betriebskosten usw.) erfasst. Beträgt der gesamte Mietzins 500 Euro pro Monat, so bedeutet eine Mietzinsminderung um 25 Prozent daher eine Reduktion um 125 Euro pro Monat.

Durch die Nichtzahlung des vorgeschriebenen Mietzinses läuft der Mieter aber Gefahr, dass eine Mietzins- oder Räumungsklage eingebracht bzw. eine gerichtliche Kündigung ausgesprochen wird. Soll wegen Unbrauchbarkeit ein verminderter Mietzins zur Einzahlung gebracht werden, empfiehlt es sich jedenfalls, eine Beratungsstelle aufzusuchen, um den Umfang der Mietzinsminderung zu besprechen. Hat der Mieter in Unkenntnis des Zinsminderungsanspruches den vollen Mietzins bezahlt, kann er ihn im Nachhinein zurückfordern. Diese Rückforderung ist immer im streitigen Verfahren (Näheres ► Seite 161) durchzusetzen.

Die Anwendung dieser Zinsminderungsvorschrift ist nur dann ausgeschlossen, wenn den Mieter ein Verschulden an der Unbrauchbarkeit trifft. Eine nachträgliche Geltendmachung der Zinsminderung ist weiters dann ausgeschlossen, wenn der Mieter in Kenntnis des Zinsminderungsanspruches den vollen Mietzins vorbehaltlos weiter bezahlt.

Urteile zur Zinsminderung

Da die Gerichte über Mietzinsminderungsansprüche immer im Einzelfall entscheiden und auch die familiäre Situation des Mieters (z.B. Kleinkinder in der Familie) berücksichtigt wird, gibt es keine fixen Prozentsätze für bestimmte Mängel. Als Anhaltspunkte, welche Minderungen möglich sind, im Folgenden Beispiele aus der Rechtsprechung:

- 100 Prozent, wenn der Zutritt zur Wohnung nicht mehr möglich ist: Austausch des Wohnungsschlosses durch den Vermieter, aber auch eingestürztes Stiegenhaus
- 50 Prozent wegen abgesperrter Wasserzufuhr und Unbenützbarkeit des Bades
- 33 Prozent wegen Unbenützbarkeit des Duschraumes
- 20 Prozent wegen Baulärm

- 80 Prozent wegen fehlender Wasser- und Stromversorgung
- 25 Prozent wegen Abschaltung der Warmwasserversorgung und der Heizung
- 50 Prozent wegen der Unmöglichkeit des Anschlusses eines Heißwasserspeichers und der Waschmaschine trotz vertraglicher Zusicherung
- 10 Prozent wegen unzureichender Warmwasserversorgung, weitere 10 Prozent während der Heizperiode wegen mangelhafter Heizleistung
- 15 Prozent wegen Pölzungen innerhalb der Wohnung

Alle diese Mietzinsminderungen gelten nur für die Dauer der Beeinträchtigung. Sobald der Grund dafür weggefallen ist, egal ob der Mieter oder der Vermieter die Brauchbarkeit wieder hergestellt hat, ist erneut der volle Mietzins zu bezahlen.

Laufende Aufwendungen – Betriebskosten

– Betriebskosten: Vorschreibung und Abrechnung
– Kosten von Gemeinschafts- und Wärmeversorgungsanlagen

Betriebskosten für Typ I und II

Bei Mietverhältnissen über Wohnungen Typ I und II wird im Regelfall kein Pauschalmietzins vereinbart. Stattdessen ist die Überwälzung der gesetzlich normierten Betriebskosten des Hauses vorgesehen.

Die Regelungen bei Genossenschaftswohnungen (Typ II) unterscheiden sich nur in zwei Punkten: bei der Berechnung des Verwalterhonorars und beim Verteilungsschlüssel. Näheres dazu finden Sie im KONSUMENT-Buch „Genossenschaftswohnungen" (▶ Seite 181).

Was sind Betriebskosten?

Betriebskosten-
katalog

Welche Betriebskosten und öffentlichen Abgaben den Mietern verrechnet werden dürfen, lässt sich den gesetzlichen Bestimmungen entnehmen (§§ 21 bis 23 MRG). Der Betriebskostenkatalog umfasst ausschließlich folgende Aufwendungen:

- Wassergebühren bei Versorgung aus einer öffentlichen Wasserleitung sowie die Kosten der Dichtheitsüberprüfung, wenn diese vorgeschrieben ist; oder die Kosten für die Erhaltung der Wasserversorgung aus einem Hausbrunnen bzw. einer nicht-öffentlichen Wasserleitung
- Kosten der regelmäßigen Rauchfangkehrung
- Kanalgebühren
- Kosten der Schädlingsbekämpfung und der Unratsabfuhr (Müllabfuhr, aber auch Boden- und Kellerentrümpelung, soweit der Verursacher nicht mehr feststellbar ist)
- Kosten der Beleuchtung der allgemein zugänglichen Hausteile (Stiegenhaus)
- Kosten angemessener Versicherungen gegen Brandschäden, gegen Leitungswasserschäden sowie die gesetzliche Haftpflicht; die Kosten anderer Versicherungen (z.B. Glasbruch) hingegen nur, wenn die Mehrheit der Hauptmieter zustimmt
- Auslagen für die Verwaltung des Hauses in folgender Höhe: ab 1. April 2014 3,43 Euro pro Quadratmeter Nutzfläche

und Kalenderjahr. Es handelt sich um den Kategorie-A-Betrag und ist wie dieser wertgesichert.

Dieser Betrag darf auch dann verrechnet werden, wenn der Hauseigentümer das Haus selbst verwaltet. Daneben dürfen keine weiteren Kosten (Bankspesen, Zahlscheingebühr usw.) verrechnet werden.

- Aufwendungen für die Hausbetreuung (Hausbesorgerarbeiten): Mit der Wohnrechtsnovelle 2000 wurde das Hausbesorgergesetz für alle neu eingegangenen Dienstverhältnisse aufgehoben. Seit 1. Juli 2000 gelten dessen Bestimmungen nur mehr für Dienstverhältnisse, die zu diesem Zeitpunkt aufrecht waren. Ist das der Fall, dürfen weiterhin die Entgelte und Ersätze laut Hausbesorgergesetz, die gesetzlichen Dienstgeberabgaben und die Abfertigung, weiters die Kosten der erforderlichen Gerätschaften und die Kosten für das Ausmalen der Hausbesorgerdienstwohnung unter Betriebskosten verrechnet werden. Gab es zum Stichtag 1. Juli 2000 kein aufrechtes Hausbesorgerdienstverhältnis bzw. ist es danach aufgelöst worden, so darf für einen neuen „Hausbetreuer" ein „angemessenes" Entgelt zuzüglich der Lohnnebenkosten verrechnet werden. Dazu gibt es einen österreichweit einheitlichen Mindestlohntarif für Hausbetreuer. Wird eine Firma mit der Durchführung dieser Arbeiten beauftragt, darf der „angemessene" tatsächlich bezahlte Werklohn verrechnet werden. Im Streitfall muss ein Sachverständiger die „Angemessenheit" der unter „Betriebskosten" verrechenbaren Ausgaben feststellen. Dabei sind jedenfalls nur die tatsächlich erbrachten Leistungen zu berücksichtigen. Zum Arbeitsumfang der Hausbetreuung/Hausreinigung ▶ Seite 80.

> **Kosten für die Hausbetreuung**

- Öffentliche Abgaben, sofern nicht ein Überwälzungsverbot besteht. Die Verrechnung der Grundbesitzabgaben ist zulässig.

Andere Ausgaben, insbesondere Kosten für Reparaturarbeiten im Haus, dürfen nicht als Betriebskosten verrechnet werden.

Aufteilung der Betriebskosten

Die Aufteilung der Betriebskosten auf die einzelnen Mietobjekte, Wohnungen, Geschäfte usw. erfolgt nach einem einheitlichen Verteilungsschlüssel. Dieser errechnet sich aus dem Verhältnis der Nutzfläche eines Mietgegenstandes zur Nutzfläche aller Mietgegenstände des Hauses (§ 17 MRG).

Die Gesamtnutzfläche des Hauses ergibt sich aus allen vermieteten, vermietbaren oder vom Vermieter benützten Mietgegenständen. Gibt es noch einen echten Hausbesorger, bleibt die Hausbesorgerdienstwohnung hier außer Betracht.

Steht eine Wohnung leer, dann ändert sich der Verteilungsschlüssel nicht, sofern sie nach wie vor vermietbar ist. Vielmehr muss der Eigentümer die darauf entfallenden Betriebskosten selbst tragen.

Unter Nutzfläche wird die gesamte Bodenfläche eines Mietgegenstandes abzüglich Wandstärken und Mauerdurchbrechungen (alles berechnet nach dem Naturmaß) verstanden. Dazu kommt die Nutzfläche von Räumen, die nur auf einer Seite offen sind, etwa Loggien. Treppen, Balkone, Terrassen, Keller- und Dachbodenräume hingegen zählen nur dann zur Nutzfläche, wenn sie für Wohn- oder Geschäftszwecke ausgestattet sind.

Festlegung der Nutzfläche

Bei Neubauten (Baubewilligung nach dem 1. Jänner 1985) ist die Nutzfläche nicht nach Naturmaßen, sondern nach den genehmigten Bauplänen zu ermitteln. Ist dies nicht möglich oder betragen die Abweichungen – Naturmaß zu Planmaß – mehr als drei Prozent, so ist auch hier von den Naturmaßen auszugehen.

Maßgebend ist immer die Nutzfläche bei Mietbeginn. Veränderungen im Inneren einer Wohnung durch Baumaßnahmen des Mieters, z.B. Errichtung einer Galerie, bleiben auf Dauer seines Mietverhältnisses unberücksichtigt. Erst bei Neuvermietung dieser Wohnung ist die vergrößerte Nutzfläche heranzuziehen.

Ein von der Nutzfläche generell abweichender Verteilungsschlüssel kann schriftlich zwischen dem Vermieter und allen Mietern eines Hauses vereinbart werden.

Für Aufwendungen, die vom Verbrauch abhängig sind (z.B. die Wasserkosten), können der Vermieter und zwei Drittel der Mieter einen ver-

**Ermittlung des Betriebskostenschlüssels
nach Nutzflächen gemäß § 17 MRG (Beispiel)**

Top Nr.	Nutzung	Nutzfläche m²	Betriebskostenanteil %
1	Geschäft	65,02	15,38
2	Büro	60,03	14,20
3	Wohnung	50,68	11,99
4	Wohnung	56,33	13,33
5	Wohnung	34,18	8,09
6	Wohnung	75,24	17,80
7	Wohnung	67,70	16,02
Garage	Garage	13,50	3,19
		422,68 m²	100,00%

brauchsabhängigen Verteilungsschlüssel für das gesamte Haus festlegen. Voraussetzung ist jedenfalls, dass die Verbrauchsmessung mit einem wirtschaftlich vertretbaren Aufwand erfolgen kann. In der Regel werden die dafür notwendigen Messgeräte daher nur bei einem Neubau oder bei einer durchgreifenden Sanierung zu angemessenen Kosten eingebaut werden können.

Verursacht ein Mieter, insbesondere ein Gewerbebetrieb (Gaststätte, Putzerei usw.), unverhältnismäßig hohe Betriebskosten, so kann die Festsetzung eines geänderten Verteilungsschlüssels auch im Außerstreitverfahren erfolgen.

Betriebskostenvorschreibung und -abrechnung

Für die Vorschreibung und Verrechnung der Betriebskosten sieht § 21 MRG zwei Möglichkeiten vor: die Einzelvorschreibung und die Pauschalverrechnung.

Einzelvorschreibung

Bei der Einzelvorschreibung, die in der Praxis nur mehr selten vorkommt, ergeben sich monatlich unterschiedlich hohe Betriebskosten, da nur die im Vormonat fällig gewordenen Aufwendungen überwälzt werden. Die Belege über diese Aufwendungen müssen den Mietern spätestens drei Tage vor dem Zinstermin (normalerweise der Fünfte jedes Monats) an geeigneter Stelle zugänglich gemacht werden. Von der Gesamtsumme dieser Ausgaben hat jeder Mieter den auf ihn entfallenden Anteil, berechnet nach dem Verteilungsschlüssel, gemeinsam mit dem eigentlichen Zins bzw. Entgelt zu entrichten.

Einzel- oder Pauschal- verrechnung

Legt der Vermieter keine Belege vor, so werden zum entsprechenden Termin auch keine Betriebskosten fällig. Es dürfen weiters keine Ausgaben verrechnet werden, die dem Vermieter gegenüber schon vor über einem Jahr fällig waren. Zur Klarstellung muss jedoch betont werden, dass bei rechtzeitiger Auflage der Rechnungen, aber Nichtbegleichung durch den Mieter die Zahlung innerhalb der allgemeinen dreijährigen Verjährungsfrist gefordert werden kann.

Da bei der Einzelvorschreibung monatlich abgerechnet wird, entfällt eine gesonderte Jahresabrechnung.

Pauschalverrechnung

Bei der Pauschalverrechnung dürfen monatliche Teilbeträge in gleichbleibender Höhe eingehoben werden. Bis zum 30. Juni des Folgejahres hat der Vermieter für das vorangegangene Kalenderjahr eine genaue Abrechnung über Einnahmen und Ausgaben in übersichtlicher und nachvollziehbarer Form zu legen.

Unter Einnahmen sind stets die vollen Pauschalraten auszuweisen, auch wenn es Mietzinsausfälle oder Leerstehungen gegeben hat. Ausgaben sind alle Aufwendungen, die dem Vermieter gegenüber im betreffenden Kalenderjahr fällig geworden sind. Ausgaben sind nicht mehr zu berücksichtigen, wenn sie bereits im Jahr davor fällig wurden. Beispiel: In die Abrechnung 2016, die 2017 gelegt wird, dürfen keine 2015 fällig gewordenen Betriebskosten aufgenommen werden.

Eine ordnungsgemäße Abrechnung liegt nur dann vor, wenn die Ausgaben detailliert, d.h. je Beleg mit Datum und Betrag versehen, angeführt sind. Nur so können die verrechneten Aufwendungen mit den tatsächlichen Zahlungen verglichen und kontrolliert werden. Werden beispielsweise die Wassergebühren vierteljährlich dem Vermieter vorgeschrieben, dann müssen auch vier Teilbeträge „Wasser" in der Abrechnung ausgewiesen werden; es genügt nicht, nur eine Summe „Wasser" anzuführen. Die Einnahmen müssen nicht detailliert dargestellt werden; hier genügt der Ausweis der monatlichen Pauschalbeträge. Da Leerstehungen oder Zahlungsausfälle keinen Einfluss auf die zu verrechnenden Einnahmen haben, können diese einfacher überprüft werden. Zu einer ordnungsgemäßen Abrechnung gehören immer die betragsmäßige Aufstellung und die Einsichtsmöglichkeit in die Belegmappe.

Bei Wohnungen Typ I ist eine Abrechnung an geeigneter Stelle im Haus aufzulegen. Der einzelne Mieter hat keinen Anspruch auf ein eigenes Exemplar der Abrechnung. Die zugehörigen Belege müssen nicht im Haus vorhanden sein, jedoch muss den Hauptmietern in geeigneter Weise Einsicht gewährt werden – etwa in der Verwaltungskanzlei. Sowohl von der Abrechnung als auch von den Belegen können Sie als Mieter von der Hausverwaltung Kopien gegen Kostenersatz anfordern.

Einsicht in die Abrechnung

Ergibt sich aus der Abrechnung ein Überschuss zugunsten der Mieter, so ist dieser zum übernächsten Zinstermin zurückzuzahlen. Ergibt sich ein Fehlbetrag, so wird er zum übernächsten Zinstermin nachgefordert. Dazu berechtigt bzw. verpflichtet sind immer jene Mieter, die zum Fälligkeitstermin (übernächster Zinstermin) aufrechte Mietverhältnisse haben. Und zwar unabhängig davon, ob sie im Vorjahr bereits Mieter waren oder nicht. Das wird von den meisten Betroffenen als ungerecht empfunden und es wird immer wieder eine Änderung gefordert. Der Gesetzgeber hat sich bisher aber noch zu keiner Änderungen der Rechtslage entschieden.

Die Kosten des Vorjahres sind gleichzeitig Grundlage für die Festsetzung des Pauschalbetrages für das laufende Kalenderjahr. Sind in der Zwischenzeit einzelne Betriebskostenarten erhöht worden, beispielsweise die Wassergebühren, so darf der Pauschalbetrag um maximal zehn Prozent gegenüber den tatsächlichen Kosten des Vorjahres angehoben werden.

Dabei ergibt sich ein besonderes Problem: Da der Vermieter bereits im Jänner die neue, meist höhere Pauschalrate einheben darf, kann der Mieter diese gar nicht überprüfen, weil ihm die tatsächlichen Ausgaben des Vorjahres unbekannt sind. De facto kann daher erst rückwirkend, nach Vorlage der Abrechnung, kontrolliert werden.

Legt der Vermieter bis 30. Juni des Folgejahres keine oder nur eine ungenügende Abrechnung, so kann jeder Mieter diese mit einem Antrag im Außerstreitverfahren erzwingen. Für die Durchsetzung der Rechnungslegung sind Ordnungsstrafen bis zu 2.000 Euro vorgesehen, die auch wiederholt verhängt werden können.

Fast alle Auseinandersetzungen über die Betriebskosten und deren Abrechnung werden im Außerstreitverfahren verhandelt:

- Überprüfung bzw. Festsetzung des Verteilungsschlüssels
- Antrag auf Abrechnungslegung bzw. Einsichtgewährung in die Belege samt dem Begehren auf Verhängung einer Ordnungsstrafe
- Überprüfung der Betriebskostenabrechnung – Einnahmen und Ausgaben – und des sich daraus ergebenden Saldos
- Überprüfung des auf eine Wohnung entfallenden betragsmäßigen Betriebskostenanteils zu den einzelnen Zinsterminen

Auseinandersetzung über die Betriebskosten

Wenn im Außerstreitverfahren kein Rückzahlungsauftrag erlassen wurde, muss der Mieter die Rückzahlung überhöhter Betriebskosten im streitigen Verfahren mit Mahnklage geltend machen.

Leitet ein Mieter ein Verfahren zur Überprüfung einzelner Positionen der Betriebskostenabrechnung ein, so sind auch die anderen Hauptmieter des Hauses davon zu verständigen: Damit soll ihnen die Möglichkeit zur Teilnahme am Verfahren eingeräumt werden.

Wird dieses Verfahren mit einer antragstattgebenden Entscheidung der Schlichtungsstelle oder des Bezirksgerichts beendet, so wirkt die Rechtskraft über das eigentliche Verfahren hinaus.

Auch die anderen Hauptmieter, die sich am Verfahren gar nicht beteiligt haben, können unter Berufung auf die rechtskräftige Entscheidung den auf ihre Wohnung entfallenden Anteil rückfordern. Dies allerdings nur mehr mit Klage im streitigen Verfahren und unter Beachtung der Verjährungsfrist. Die Verjährung beträgt in diesem Fall drei Jahre ab Zahlung. Nur für die am Verfahren beteiligten Mieter wird die Verjährungsfrist gehemmt, solange das Verfahren nicht rechtskräftig entschieden ist.

**Beispiel: Andere Mieter haben sich der
Betriebskostenüberprüfung nicht angeschlossen**

Mieter A, Top 4, stellt den Antrag auf Feststellung, dass die in der Betriebskostenabrechnung 2016 enthaltene Position „Reparatur des Haustors
1.500 Euro" zu Unrecht unter Betriebskosten verrechnet worden ist. Die
Schlichtungsstelle verständigt alle anderen Mieter durch Hausanschlag. Die
anderen Mieter beteiligen sich nicht am Verfahren und stellen auch keine
eigenen Anträge bei der Schlichtungsstelle. Die Schlichtungsstelle gibt dem
Antrag statt und spricht aus:

• Die Position „Reparatur des Haustors 1.500 Euro" wurde
  zu Unrecht unter Betriebskosten verrechnet.
• Der Vermieter wird verpflichtet, Mieter A den auf seine
  Wohnung entfallenden Anteil von 199,95 Euro (13,33 Prozent
  von 1.500 Euro) zuzüglich 10 Prozent Umsatzsteuer binnen
  14 Tagen gemäß § 37 Abs. 4 MRG zurückzuzahlen.

Die anderen Mieter des Hauses können dann kein neuerliches Verfahren auf
Überprüfung der Betriebskosten zu diesem Punkt bei der Schlichtungsstelle
einleiten, da die Sache bereits rechtskräftig entschieden ist. Erfolgt keine
freiwillige Rückzahlung durch den Hauseigentümer, so kann dieser mit
Mahnklage im streitigen Verfahren zur Zahlung angehalten werden, sofern
seit der Zahlung noch keine drei Jahre vergangen sind. Anders verhält es
sich, wenn Mieter B, Top 7, auch andere Positionen der Betriebskostenabrechnung 2016 anfechten will. Diesbezüglich kann er – weil anderer
Inhalt – einen neuen Antrag bei der Schlichtungsstelle einbringen.

Betriebskostenüberprüfung

Erfahren Sie durch Hausanschlag von einem Verfahren zur Überprüfung
der Betriebskosten in Ihrem Haus, können Sie sich durch Stellung eines eigenen Antrags daran beteiligen. Diesen Antrag können Sie auch mündlich
bei der Schlichtungsstelle (beim Bezirksgericht) einbringen. Beteiligen
Sie sich am Verfahren, können auch keine Probleme mit der Verjährung
entstehen.

Betriebskosten von Gemeinschaftsanlagen für Typ I

Entsprechend den Vorschriften über die Betriebskosten des Hauses gibt es auch eine Regelung über die Betriebskosten von Gemeinschaftsanlagen (§ 24 MRG). Darunter fallen: Personenaufzüge, gemeinsame Wärmeversorgungsanlagen, Waschküchen, Schwimmbäder, Saunen, aber auch Grünflächen u.a.

Was ist eine Gemeinschaftsanlage?

Unter Gemeinschaftsanlagen werden nur solche Einrichtungen verstanden, die Gegenstand einer Vereinbarung mit dem Vermieter sind und deren Benützung allen Mietern offensteht. Wird in einem Haus vom Vermieter nachträglich ein Aufzug eingebaut und allen Mietern dessen Benützung angeboten, so handelt es sich um eine Gemeinschaftsanlage – unabhängig davon, wie viele Mieter von diesem Angebot auch Gebrauch machen.

Gemeinsame Benützung oder Sonderrechte

Keine Gemeinschaftsanlage liegt hingegen vor, wenn einzelne Mieter Sonderrechte an der Einrichtung haben. Dazu ein Beispiel: Der Einbau eines Aufzuges wurde von nur einem Mieter finanziert. Dafür erhält dieser die Erlaubnis, von den anderen Mietern für die Liftbenützung ein höheres Entgelt als nur die Betriebskosten einzuheben.

Kostenaufteilung und Kostenverrechnung

Der Aufwand bei Gemeinschaftsanlagen im Sinn des § 24 MRG ist streng zu trennen in die eigentlichen Betriebskosten und die Kosten der Erhaltung.

Erhaltungs- und Reparaturarbeiten müssen aus der Hauptmietzinsreserve finanziert werden. Die Betriebskosten hingegen sind ausschließlich von den zur Benützung berechtigten Mietern zu tragen. Also nur von jenen Mietern, die – um beim Beispiel der nachträglichen Aufzugserrichtung zu bleiben – vom Anbot des Vermieters zur Liftbenützung auch Gebrauch machten.

Zu den Betriebskosten gehören die Verbrauchskosten (z.B. Energie, Wasser) sowie die Kosten für Wartung, Kontrolle und Reinigung. Die Aufteilung dieser Betriebskosten hat prinzipiell nach dem Verhältnis der Nutzflächen oder bei schriftlicher Vereinbarung des Vermieters mit allen Berechtigten nach dem ausgehandelten Aufteilungsschlüssel zu erfolgen. Können bei Gemeinschaftsanlagen die Energiekosten den Benützern zugeordnet werden, so dürfen die Energiekosten auch in pauschalierter Form, z.B. durch Münzautomaten, eingehoben werden. Die Einnahmen aus den Münzautomaten sind in der Jahresabrechnung auszuweisen. Hauptanwendungsfall für diese Regelung sind Waschküchen, wo zum Betrieb der Waschmaschine oder des Wäschetrockners „Waschmarken" notwendig sind. Die Verrechnung und Vorschreibung der Betriebskosten von Gemeinschaftsanlagen hat nach denselben Grundsätzen zu erfolgen wie oben für die Hausbetriebskosten beschrieben.

Kosten bei gemeinsamen Wärmeversorgungsanlagen

Als Spezialvorschrift für die Kostenverteilung bei gemeinsamen Wärmeversorgungsanlagen eines Hauses wurde das Heizkostenabrechnungsgesetz (HeizKG) eingeführt. Als Erstes ist zu prüfen, ob eine gemeinsame Wärmeversorgungsanlage vom Geltungsbereich des HeizKG erfasst wird oder nicht. Wenn ja, gehen die Bestimmungen des HeizKG jenen des MRG voran.

Heizkosten-
abrechnungs-
gesetz

Inhalt und Geltungsbereich des HeizKG

Das HeizKG enthält neben den eigentlichen Abrechnungsvorschriften die wichtigen Bestimmungen über die Aufteilung von Heizungs- und Warmwasserkosten bei zentralen Wärmeversorgungsanlagen. Erstmals wurden mit diesem Gesetz auch jene Wärmelieferungen erfasst, denen Direktverträge zwischen Wohnungsnutzern (Wärmeabnehmern) und Fernwärmeunternehmen zugrunde liegen.

Das HeizKG gilt für Aufteilung und Abrechnung der Heiz- und Warmwasserkosten

- in Gebäuden mit mindestens vier Nutzungsobjekten,
- die an eine gemeinsame Wärmeversorgungsanlage angeschlossen und
- mit Vorrichtungen zur Ermittlung der Verbrauchsanteile der Nutzungsobjekte ausgestattet sind (oder auszustatten wären, was erst in einem eigenen Verfahren zu prüfen ist).

Für Baulichkeiten, die vor dem 1. Oktober 1992 bezogen wurden, gilt das Heizkostenabrechnungsgesetz nur dann, wenn bereits vor diesem Zeitpunkt verbrauchsabhängig verteilt wurde oder nach diesem Zeitpunkt eine schriftliche Vereinbarung mit allen Wärmeabnehmern eines Hauses getroffen wurde.

Kostenaufteilung im Geltungsbereich des HeizKG

Liegt die gemeinsame Wärmeversorgungsanlage im Geltungsbereich des HeizKG, so sind hinsichtlich der Kosten nur dessen Bestimmungen anzuwenden. Unter Heiz- und Warmwasserkosten werden zusammengefasst:

- Energiekosten (Gas, Öl, Strom für Umwälzpumpe usw.) und
- sonstige Betriebskosten (Kosten der Wartung und Betreuung der Anlage; Kosten des Ersatzes von Verschleißteilen, auch bei Messvorrichtungen; Kosten der Abrechnung)

Bei einer Wärmeversorgung, deren Ursprung nicht im selben Gebäude liegt (insbesondere Fernwärme), gelten die vertraglich vereinbarten oder behördlich festgesetzten Preise als Heiz- und Warmwasserkosten.

Betriebskostenabrechnung und Fälligkeit des Saldobetrags

Wird die Abrechnung über die Betriebskosten 2016 im Juni 2017 gelegt, so trifft das Ergebnis der Abrechnung (Guthaben oder Nachzahlung) jene Mieter des Hauses, die am 5. August 2017 (übernächster Zinstermin) ein aufrechtes Mietverhältnis haben. Wird die Abrechnung über die Betriebskosten 2016 bereits im April 2017 gelegt, so trifft das Ergebnis der Abrechnung (Guthaben oder Nachzahlung) jene Mieter des Hauses, die am 5. Juni 2017 (übernächster Zinstermin) ein aufrechtes Mietverhältnis haben.

Die Verteilung der Heiz- und Warmwasserkosten wird innerhalb eines vorgegebenen Rahmens durch einstimmige Vereinbarung zwischen Betreiber und Abnehmer, eventuell auch durch eine Entscheidung im Außerstreitverfahren, festgelegt. Kommen derartige Vereinbarungen nicht zustande, so gilt die Standardaufteilung des § 13 Abs. 3 HeizKG, wonach die Gesamtkosten zwischen Heizung und Warmwasser im Verhältnis 70 (Heizung) : 30 (Warmwasser) aufzuteilen sind.

Heiz- und Warmwasserkosten

Die Energiekosten sind zu 65 Prozent nach Verbrauchsanteilen und zu 35 Prozent nach beheizbarer Nutzfläche (auch hinsichtlich des Warmwassers!) aufzuteilen. Die sonstigen Betriebskosten sind nach beheizbarer Nutzfläche aufzuteilen.

Sonstige Kostenverteilung

Kann das Heizkostenabrechnungsgesetz nicht angewendet werden, so sind zwei Fälle zu unterscheiden: Die Wärmelieferung erfolgt durch den Vermieter im Rahmen des Mietvertrags oder sie erfolgt gemäß einem gesonderten Vertrag durch einen Dritten, z.B. ein Fernwärmeunternehmen.

Bei Wärmeverträgen mit Dritten gelten ausschließlich die darin enthaltenen vertraglichen Bestimmungen. Es gibt keine sondergesetzliche Schutznorm und daher auch keine Unterscheidung hinsichtlich des Wohnungstyps.

Erfolgt die Wärmelieferung hingegen durch den Vermieter aufgrund des Mietvertrages oder einer anderen Vereinbarung, so muss bei der Kostenaufteilung nach dem Wohnungstyp unterschieden werden:

- Wohnungen Typ I: nach dem Nutzflächenverhältnis oder anderslautender schriftlicher Vereinbarung.
- Wohnungen Typ III, IV und Untermieten: Die Kosten der Wärmeversorgung richten sich ausschließlich nach der vertraglichen Vereinbarung.

Betriebskosten für Typ III, IV und Untermieten

Vertragliche Vereinbarungen

Bei Wohnungen Typ III und IV existieren keine sondergesetzlichen Normen zu den Betriebskosten. Hier sind ausschließlich die vertraglichen Vereinbarungen heranzuziehen. Oftmals wird bei diesen Mietverhältnissen der Mietzins ohnehin als Pauschale vereinbart, womit eine gesonderte Überwälzung der Betriebskosten gar nicht in Betracht kommt. Ist das doch der Fall, sollte klargestellt werden, welche Kosten damit gemeint sind.

Gerade bei vermieteten Eigentumswohnungen des Typs III kommt es immer wieder zu Streitigkeiten über die Zulässigkeit der Überwälzung von „Betriebskosten". Der Vermieter meint, dass er als Wohnungseigentümer an seine Hausverwaltung ohnehin nur Betriebskosten bezahle und deshalb den Gesamtbetrag auch auf den Mieter als Betriebskosten überwälzen könne. Die Wohnungseigentümer zahlen jedoch neben den typischen Hausbetriebskosten im Regelfall auch Beiträge zur Rücklage des Hauses. Diese Rücklage dient der Finanzierung von Erhaltungsarbeiten. Stehen größere Erhaltungsarbeiten am Haus an, wird die Rücklage auch entsprechend erhöht. Da es sich dabei um keine Betriebskosten handelt, können diese Mehrkosten auch nicht einfach auf den Mieter überwälzt werden. Dies wäre nur bei einer entsprechenden Vereinbarung möglich.

Bei Untermieten von Wohnungen Typ I und II sieht die Bestimmung des § 26 MRG über die Höhe des zulässigen Untermietzinses eine bloße Überwälzung der vom Hauptmieter zu bezahlenden Betriebskosten vor.

Wann endet
ein Mietverhältnis?

– Zulässige Befristungen und Beendigung des Mietverhältnisses
– Vorzeitige und einvernehmliche Auflösung, Mietrechtsübergang
– Investitionskostenersatz

Beendigung des Mietverhältnisses

Die Frage, wie ein Mietverhältnis beendet werden kann, ist für jeden Mieter von entscheidender Bedeutung. Es ist daher nicht weiter verwunderlich, dass der Kündigungsschutz schon immer eine der Säulen des Mieterschutzes war.

Ein Mietverhältnis kann, je nach Art, aus folgenden Gründen beendet werden:

- Zeitablauf
- Aufkündigung
- vorzeitige Auflösung aus wichtigen Gründen
- einvernehmliche Auflösung
- Erlöschen des Mietverhältnisses

War im Sinne des Mieterschutzes zunächst das unbefristete Mietverhältnis der Regelfall, werden insbesondere durch die seit Juli 2000 geltende Rechtslage verstärkt nur mehr befristete Mietverhältnisse angeboten. Im Folgenden wird zunächst auf die Besonderheiten befristeter Mietverhältnisse und anschließend auf die übrigen Auflösungsmöglichkeiten eingegangen.

Zulässige Befristungen für Haupt- und Untermietverhältnisse über Wohnungen Typ I, II und III

Für Mietvertragsabschlüsse und ausdrückliche Vertragsverlängerungen gilt folgende einheitliche Regelung hinsichtlich Befristung:

- Die Vereinbarung muss schriftlich erfolgen.
- Sie muss die Bestimmung enthalten, dass das Mietverhältnis durch Zeitablauf zu einem bestimmten Termin ohne Kündigung endet (unbedingter Endtermin).

• Die Vertragsdauer muss bei Wohnungen, auch bei jeder Verlängerung, zumindest drei Jahre betragen (Mindestvertragsdauer). Für die Vermietung anderer Räumlichkeiten (keine Wohnungen) gibt es keine Mindestvertragsdauer.

Im Gegensatz zur früheren Rechtslage gibt es keine Höchstdauer für die Befristung von Wohnungsmietverträgen. Es können beispielsweise von vornherein ein Mietvertrag mit einer zwanzigjährigen Vertragsdauer oder vier Mietverträge nacheinander mit je fünfjähriger Vertragsdauer abgeschlossen werden. Nur die Mindestvertragsdauer von drei Jahren und die Schriftlichkeit ist, auch bei jeder vereinbarten Verlängerung, einzuhalten.

Mindestbefristung

Vertragliche Befristungsvereinbarungen, die die angeführten Punkte nicht erfüllen – z.B. eine nur zweijährige Mietdauer –, führen zu einer Undurchsetzbarkeit der Befristung. Das Mietverhältnis ist damit von Beginn an als de facto unbefristet zu qualifizieren. Eine Aufkündigung während der vereinbarten Mietzeit – vorzeitige Vertragsbeendigung – ist nur unter bestimmten Voraussetzungen möglich:

• Der Mieter kann nach Ablauf eines Jahres (gerechnet ab Vertragsbeginn oder ab schriftlicher Vertragsverlängerung) unter Einhaltung einer dreimonatigen Kündigungsfrist das Mietverhältnis zu einem Monatsletzten vorzeitig aufkündigen (§ 29 MRG) – d.h., frühestens im dreizehnten Monat zum Ende des sechzehnten Monats.

Erweitertes Kündigungsrecht für Typ I, II und III

Haben Sie eine neue Wohnung in Aussicht, die aber erst in einem halben bis dreiviertel Jahr bezugsfertig ist, und mieten Sie deshalb eine andere Wohnung zwischenzeitig befristet (Mindestdauer drei Jahre) an, sollten Sie unbedingt auf einem erweiterten Kündigungsrecht bestehen. Andernfalls können Sie erst nach Ablauf eines Jahres mit dreimonatiger Frist, daher zum Ende des sechzehnten Monats, kündigen. Formulierungsvorschlag: „Während der vereinbarten Mietdauer hat der Mieter das Recht, das Mietverhältnis unter Einhaltung einer einmonatigen Frist aufzukündigen."

Stillschweigende Verlängerung

Schriftlicher Drei-Jahres-Mietvertrag über eine Wohnung für den Zeitraum 1. April 2014 bis 31. März 2017. Während dieser Zeit kann der Mieter frühestens nach Ablauf eines Jahres, damit erst im 13. Monat (April 2015) zum 31. Juli 2015 (Drei-Monats-Frist) kündigen.

Der Vermieter übersieht die vertragliche Befristung zum 31. März 2017, der Mieter bleibt in der Wohnung. Jetzt kommt es einmalig zu einer Verlängerung des Mietvertrages um drei Jahre, bis 31. März 2020. Während dieser Periode kann der Mieter jederzeit unter Einhaltung der Drei-Monats-Frist kündigen.

Der Vermieter übersieht auch den neuen Endtermin 31. März 2020, dadurch geht das ursprünglich befristete Mietverhältnis in ein unbefristetes über. Oder die Vertragspartner schließen einen neuen schriftlichen Mietvertrag bzw. eine schriftliche Verlängerungsvereinbarung mit einer Mindestdauer von drei Jahren ab.

- Im Fall des Todes des Wohnungsmieters vor Vertragsablauf können sowohl die Erben als auch der Vermieter unter Einhaltung einer einmonatigen Frist das Mietverhältnis kündigen (§ 1116a ABGB). Der Vermieter kann das nur in jenen Fällen, wo es keine Eintrittsberechtigten (▶ Seite 141) gibt.
- Im Mietvertrag wurde eine Vereinbarung aufgenommen, wonach ein weitergehendes Kündigungsrecht besteht – z.B. für den Mieter bereits während des ersten Jahres oder mit einmonatiger Kündigungsfrist. Auch für den Vermieter kann eine Kündigungsmöglichkeit während der Befristung vereinbart werden.

Der Mieter kann bei Vorliegen einer Kündigungsmöglichkeit immer ohne Angabe von Gründen kündigen, der Vermieter nur bei Vorliegen eines wichtigen Grundes, wie weiter unten beschrieben.

Neben der Kündigung ist eine vorzeitige Auflösung aus wichtigen Gründen (▶ Seite 138) auch bei befristeten Mietverhältnissen über alle Wohnungen möglich.

Damit der Vermieter eine vereinbarte zulässige Befristung auch durchsetzen kann, muss er entweder

* einen gerichtlichen Übergabsauftrag (▶ Seite 166) vor Mietende oder
* eine gerichtliche Räumungsklage (▶ Seite 165) nach Mietende einbringen.

Unterlässt der Vermieter die gerichtliche Geltendmachung der Wohnungsräumung und stellt der Mieter die Wohnung nicht freiwillig zurück, kommt es einmalig zu einer Verlängerung des Mietverhältnisses um drei Jahre. Während dieser Periode kann der Mieter das Mietverhältnis jederzeit unter Einhaltung einer dreimonatigen Kündigungsfrist kündigen.

Stillschweigende Vertragsverlängerung

Erst wenn nach diesen drei Jahren der Mietvertrag abermals nicht aufgelöst oder schriftlich verlängert wird, gilt er als auf unbestimmte Zeit erneuert. Bei Wohnungen Typ I und bei Untermieten kann ab dem Zeitpunkt der Umwandlung in ein unbefristetes Mietverhältnis der volle Mietzins, ohne Befristungsabschlag (▶ Seite 95), begehrt werden. Diese Anhebung setzt aber voraus, dass die ziffernmäßige Gegenüberstellung des Mietzinses mit und ohne Abschlag bereits im Mietvertrag schriftlich ausgewiesen wurde.

Aufkündigung bei Wohnungen Typ I, II und III

Die Beendigung eines unbefristeten Mietverhältnisses gegen den Willen des Vertragspartners geschieht in der Regel durch Aufkündigung. Bei befristeten Mietverhältnissen ist eine Aufkündigung immer nur bei Vorliegen der bereits beschriebenen Voraussetzungen möglich.

Eine wirksame Aufkündigung kann nur unter Einhaltung der vertraglichen oder gesetzlichen Kündigungsfrist zum Kündigungstermin erfolgen. Das Erfordernis der gerichtlichen Aufkündigung gilt für die Vermieterkündigungen. Mieter können sowohl gerichtlich als auch bloß schriftlich kündigen. Eine mündliche Aufkündigung des Mieters oder eine schriftliche Kündigung des Vermieters mit eingeschriebenem Brief ist daher nicht rechtswirksam und zieht keine Folgen nach sich. Akzeptiert der jeweilige

Formerfordernisse

Fristgerechte Kündigung

Eine Kündigung zum 31. Juli 2017 (= Kündigungstermin) wird am 15. Juni 2017 bei Gericht eingebracht. Die Gerichtszustellung der Kündigung an den Gegner muss vor dem 1. Juli 2017 erfolgen, damit diesem gegenüber die einmonatige Kündigungsfrist gewahrt bleibt. Bei Mietverträgen über Wohnungen Typ I, II und III würde eine Zustellung der Kündigung nach dem 30. Juni 2017 erst zum nächstmöglichen Kündigungstermin wirksam werden. Dieselbe Regelung gilt auch für schriftliche Mieterkündigungen.

Vertragspartner jedoch diese Form der Aufkündigung, so liegt rechtlich gesehen eine einvernehmliche Auflösung des Mietverhältnisses vor.

Wurden weder Kündigungsfrist noch Kündigungstermin im Mietvertrag gesondert vereinbart, so gelten die gesetzlichen Bestimmungen. Für Wohnungen beträgt die Kündigungsfrist einen Monat, Kündigungstermin ist der Monatsletzte (§ 560 ZPO/Zivilprozessordnung). Um die Kündigungsfrist einzuhalten, muss die Kündigung noch vor Beginn der einmonatigen Frist zugestellt werden. Bei befristeten Mietverhältnissen beträgt die gesetzliche Kündigungsfrist für den Mieter drei Monate (§ 29 MRG). Wurde die Kündigungsfrist gegenüber dem Kündigungsgegner nicht vollständig eingehalten, so gilt diese „verspätete" Kündigung zum nächstmöglichen Kündigungstermin.

Fristen und Termine

Aufkündigung durch den Mieter

Der Mieter kann immer ohne Angabe von Gründen – jedoch unter Einhaltung der oben beschriebenen Fristen und Termine – kündigen. Die Mieterkündigung muss nicht mehr gerichtlich erfolgen, es genügt auch eine schriftliche Kündigung an den Vermieter.

Aus Beweisgründen empfiehlt es sich jedoch, die Kündigung eingeschrieben (mit Rückschein) zu versenden. Da die Kündigung eine empfangsbedürftige Erklärung darstellt, ist es für Sie wichtig, zu wissen, wann genau sie dem Vermieter zugekommen ist. Aus dem Rückschein erkennen Sie, wann die Zustellung erfolgt ist. Auch hier gilt, dass eine „verspätete" Kündigung zum nächstmöglichen Kündigungstermin gilt.

Befürchten Sie jedoch Probleme bei der Zustellung der Kündigung – etwa, weil der Vermieter oft ortsabwesend ist –, so ist eine gerichtliche Aufkündigung zu empfehlen. Die Beiziehung eines Rechtsanwalts ist dafür nicht erforderlich.

Für die Kündigung gibt es ein eigenes Formular, das bei den Bezirksgerichten aufliegt oder im Internet unter https://webportal.justiz.gv.at/at.gv.justiz.formulare/Justiz/index.html abgerufen werden kann. Die Kündigung muss den Namen der kündigenden Partei, den Namen des Vermieters (bei Hauptmietverhältnissen ist das meistens der Eigentümer, nicht der Verwalter!), den Kündigungstermin und die genaue Bezeichnung des Mietobjekts enthalten. Die Kündigung ist beim örtlich zuständigen Bezirksgericht zweifach einzubringen (ein Exemplar für das Gericht, ein Exemplar für die Gegenpartei). Seit Mai 2017 ist es auch möglich, die Kündigung elektronisch an das zuständige Gericht zu übermitteln. Dafür benötigen Sie eine Bürgerkartenfunktion auf Chipkarte bzw. Handy. Die Gebühr für die gerichtliche Aufkündigung beträgt derzeit 102,00 Euro; bei mehreren Kündigungsgegnern ist noch ein Zuschlag zu entrichten.

In der Regel kann jedoch mit dem Vermieter ein Einvernehmen betreffend die Auflösung des Mietverhältnisses hergestellt werden, womit sich eine förmliche Kündigung erübrigt. Aber auch hier sollte aus Beweisgründen ein kurzer schriftlicher Vermerk verfasst werden, den beide Vertragspartner unterschreiben.

Aufkündigung durch den Vermieter

Der Vermieter darf nur aus wichtigen Gründen kündigen. Diese sind in der gerichtlichen Kündigung genau anzuführen. Die übrigen Inhaltsvorschriften für die Kündigung sind dieselben wie die für den Mieter beschriebenen.

Die wichtigen Gründe, die den Vermieter zur Aufkündigung berechtigen, sind in der Mehrzahl solche, die ein Verschulden bzw. ein vertragswidriges Verhalten des Mieters voraussetzen. Weitere Kündigungsgründe ohne Verschulden des Mieters müssen vom Vermieter nicht nur nachgewiesen werden, sondern es muss auch eine Ersatzwohnung angeboten werden.

Ein Vermieter muss gerichtlich kündigen

Sämtliche verschuldensabhängigen Kündigungsgründe muss der Vermieter ohne unnötigen Aufschub geltend machen. Andernfalls ist davon auszugehen, dass der Vermieter auf die Geltendmachung dieses Kündigungsgrundes verzichtet hat.

**Kündigungs-
gründe**

Als wichtige Gründe, die zur Aufkündigung bei Wohnungen Typ I, II, III und bei Untermietverhältnissen berechtigen, gelten insbesondere folgende Tatbestände gemäß § 30 Abs. 2 MRG (die folgenden Ziffern beziehen sich immer auf diese Gesetzesstelle, soweit nicht anders angegeben):

Nichtbezahlung des bereits seit acht Tagen fälligen Mietzinses trotz erfolgter Mahnung (Z 1)

Ein Rückstand kann sich natürlich nur aus einem zulässigerweise geforderten Mietzins ergeben. Zweifelt der Mieter an der Zulässigkeit der Forderung, so kann er eine Überprüfung im Außerstreitverfahren veranlassen. Der Kündigungsstreit kann dann vom Gericht gemäß § 190 ZPO bis zur Erledigung des Überprüfungsverfahrens unterbrochen werden.

Eine derartige Überprüfung ist aber nicht immer möglich: Soll der Hauptmietzins bei Wohnungen Typ I bzw. das Entgelt bei Wohnungen Typ II überprüft werden, so kann dies nur innerhalb der dafür vorgesehenen Präklusivfristen (► Seite 99) beantragt werden. Nur die Überprüfung der Höhe der Betriebskosten kann jedes Jahr neu beantragt werden.

Trifft den Mieter kein grobes Verschulden am festgestellten Rückstand, so kann er diesen noch während der Verhandlung begleichen, womit die Kündigung aufzuheben ist. Allerdings hat in diesem Fall der Mieter dem Vermieter die Verfahrenskosten zu ersetzen.

Nichterbringung der bedungenen Dienste (Z 2)

Dieser Kündigungsgrund ist nur dann denkbar, wenn anstelle der Bezahlung eines Mietzinses die Erbringung bestimmter Dienstleistungen vertraglich vereinbart wurde (Dienstmietvertrag).

Erheblich nachteiliger Gebrauch des Mietgegenstandes (Z 3, 1. Fall)

Dieser Kündigungsgrund liegt vor, wenn die Wohnung vertragswidrig genutzt oder vernachlässigt wird und daraus eine Beschädigung oder auch nur Gefährdung der Substanz des Hauses zu befürchten ist – etwa bei nicht genehmigten Umbauarbeiten oder bei Brandgefahr durch Anhäufung von brennbaren Materialien in der Wohnung sowie bei sorglosem Umgang mit Wasser, der Wasserschäden zur Folge hat.

Erfolgt beispielsweise eine Kündigung wegen nicht genehmigter Umbauarbeiten, was häufig nach einem Eigentümerwechsel passiert, so ist zu prüfen, ob diese Arbeiten prinzipiell genehmigungsfähig bzw. vom Vermieter zu dulden sind (▶ Seite 73). Über Antrag kann diese Frage im Außerstreitverfahren geprüft werden, wobei das Kündigungsverfahren vom Gericht bis zur Klärung dieser Frage gemäß § 190 ZPO unterbrochen werden kann.

Unleidliches Verhalten und strafbare Handlungen (Z 3, 2. und 3. Fall)

Unter unleidlichem Verhalten ist ein rücksichtsloses, anstößiges oder sonst grob ungehöriges Verhalten zu verstehen, wodurch den Mitbewohnern des Hauses das Zusammenleben verleidet wird. Die strafbare Handlung als Kündigungsgrund muss gegen das Eigentum, die Sittlichkeit oder die körperliche Sicherheit anderer Hausbewohner oder des Vermieters begangen worden sein. Nicht zu berücksichtigen sind Fälle, die nach den Umständen als geringfügig zu bezeichnen sind. Der Mieter muss dabei auch das Verhalten seiner Mitbewohner verantworten.

Längere Abwesenheit

Planen Sie einen einjährigen Auslandsaufenthalt, abgrenzbar z.B. durch Arbeitsvertrag oder Auslandsstipendium, und beabsichtigen Sie, nach Ihrer Rückkehr wieder in der Wohnung zu wohnen, so liegt ein dringender Wohnbedarf in naher Zeit vor. Sie können während dieser Zeit Ihre Wohnung weitergeben und erfüllen den Kündigungstatbestand nicht.

Gänzliche Weitergabe (Untervermietung) der Wohnung und fehlendes Wohnbedürfnis (Z 4, 1. Fall)

Der Kündigungsgrund ist erfüllt, wenn die Wohnung zur Gänze, entgeltlich oder unentgeltlich, ohne Erlaubnis weitergegeben wird und seitens des Mieters oder eintrittsberechtigter Personen (wer eintrittsberechtigt ist ► Seite 141) auch in naher Zeit kein dringendes Wohnbedürfnis an dieser Wohnung besteht. Gleichgestellt sind jene Fälle, in denen zwar nur ein Teil der Wohnung weitergegeben wird, aber auch am verbleibenden Teil in nächster Zeit kein Wohnbedürfnis besteht.

Wohnbedürfnis

Der Kündigungsgrund ist daher nicht erfüllt, wenn die Wohnung an Eintrittsberechtigte weitergegeben wird und diese ein dringendes Wohnbedürfnis haben. Wird die Wohnung an andere Personen weitergegeben, so ist entscheidend, ob in naher Zeit wiederum ein Wohnbedürfnis des Mieters oder der Eintrittsberechtigten vorliegen wird. Dabei kommt es nicht so sehr auf den Zeitraum an (er kann auch etwas länger als ein Jahr sein), vielmehr auf den konkreten zukünftigen Bedarf. Grundsätzlich ist hier noch anzumerken, dass „Weitergabe" nur im Sinne der Raumüberlassung (Untervermietung) und nicht im Sinne der Mietrechtsabtretung zu verstehen ist. Das heißt, auf Mieterseite tritt keine Änderung ein.

Gänzliche oder teilweise Weitergabe der Wohnung gegen eine unverhältnismäßig hohe Gegenleistung (Z 4, 2. Fall)

Der Kündigungsgrund liegt vor, wenn ein Hauptmieter seine Wohnung untervermietet und dafür einen unverhältnismäßig hohen Zins begehrt. Bei der Überprüfung ist das Verhältnis zwischen dem Zins des Hauptmieters (gegenüber dem Eigentümer) und dem Zins des Untermieters (gegenüber dem Hauptmieter) zu ermitteln. Bei Prüfung der Verhältnismäßigkeit sind aber auch allfällige Investitionen des Hauptmieters oder mitvermietete Einrichtungsgegenstände zu berücksichtigen.

Tod des Wohnungsmieters und Fehlen von Eintrittsberechtigten (Z 5)

Im Todesfall des Mieters kann die Kündigung nur ausgesprochen werden, wenn keine Eintrittsberechtigten (► Seite 141), die selbst zu Mietern werden, nachfolgen. Die Kündigung ist zunächst gegen die Verlassenschaft, danach gegen die Erben zu richten.

Leerstand – Nichtbenützung der Wohnung zu Wohnzwecken (Z 6)

Der Kündigungsgrund ist erfüllt, wenn die Wohnung nicht regelmäßig zu Wohnzwecken verwendet wird und ein dringendes Wohnbedürfnis des Mieters oder von Eintrittsberechtigten (► Seite 141) nicht gegeben ist. Eine vorübergehende Nichtbenützung wegen Kur- oder Unterrichtszwecken sowie aus beruflichen Gründen bleibt jedoch unberücksichtigt.

Eine regelmäßige Verwendung setzt voraus, dass die Wohnung während eines längeren Zeitraumes im Jahr oder während einiger Tage pro Woche tatsächlich genutzt wird. Im Fall einer Kündigung ist nicht nur die gegenwärtige, sondern auch die zukünftige Benützung der Wohnung zu prüfen (Prüfung des dringenden Wohnbedürfnisses).

Ein Leerstand während einer vorübergehenden Abwesenheit des Mieters, auch über mehrere Monate und egal aus welchen Gründen, erfüllt den Kündigungstatbestand nicht.

Vorübergehende Abwesenheit

Dringender Eigenbedarf des Vermieters oder seiner Kinder – ohne Ersatzbeschaffung (Z 8)

Dieser Kündigungsgrund wird von Vermieterseite zwar oft angedroht, doch kann er nur unter den folgenden Voraussetzungen rechtswirksam werden:

- Der Vermieter (seine Kinder) kann sein Wohnbedürfnis unverschuldet nicht oder nur notdürftig anderweitig decken (strenge Auslegung).
- Dem Mieter darf durch die Kündigung kein größerer Nachteil erwachsen als dem Vermieter bei Aufrechterhaltung des Mietvertrages (Interessensabwägung). Diese Interessensabwägung entfällt, wenn das Mietverhältnis eine vom Wohnungseigentümer vermietete Eigentumswohnung betrifft. Wurde an einer Wohnung hingegen erst nach Mietbeginn Wohnungseigentum begründet, so ist die Interessensabwägung sehr wohl vorzunehmen.

- Der Vermieter muss zumindest Hälfteeigentümer des Hauses oder der vermieteten Eigentumswohnung sein.
- Der Vermieter muss bereits mindestens zehn Jahre lang Eigentümer gewesen sein (diese Frist gilt nicht beim Erwerb durch Erbschaft).
- Der Vermieter muss bereit sein, die Übersiedlungskosten des Mieters zu tragen.

Dringender Eigenbedarf des Vermieters oder seiner Kinder – mit Ersatzbeschaffung (Z 9)

Dieser Kündigungsgrund ist in den Voraussetzungen identisch mit dem zuvor dargestellten Kündigungsgrund. Mit zwei Ausnahmen:

- Die Interessensabwägung entfällt und
- die Eigentumsdauer muss nicht zehn Jahre betragen.

Ersatzwohnung Näheres zur Ersatzbeschaffung siehe weiter unten.

Die folgenden Kündigungsgründe gemäß § 30 Abs. 2 stellen wir nur kurz dar, da sie sehr selten geltend gemacht werden.

Dringender Bedarf für Betriebsangehörige (Z 10)

Ehemalige Dienst- oder Werkswohnungen werden wieder dringend zur Unterbringung von Dienstnehmern des Vermieters benötigt.

Eigenbedarf einer Gebietskörperschaft, von Bund, Land oder Gemeinde (Z 11)

Es besteht Bedarf für Verwaltungszwecke, wobei eine Ersatzwohnung beschafft werden muss.

Interesse des Untervermieters – nur für Untermietverhältnisse (Z 12)

Der Untervermieter kann dringenden Eigenbedarf geltend machen, wenn ihm die Aufrechterhaltung der Wohngemeinschaft mit dem Untermieter nicht mehr zuzumuten ist. Dabei muss keine Ersatzwohnung beschafft werden.

Ein im Mietvertrag schriftlich vereinbarter Kündigungsgrund (Z 13)

Ein schriftlich vereinbarter Kündigungsgrund muss für den Vermieter wichtig und bedeutsam sein und den bisher genannten in der Wertigkeit zumindest nahekommen. Denkbar wäre etwa ein erhöhter Wohnungsbedarf des Vermieters im Fall seiner Verehelichung.

Gesonderte
Kündigungs-
vereinbarung

Wirtschaftliche Abbruchreife (Z 14)

Eine Kündigung kann ausgesprochen werden, wenn für das Haus eine Abbruchbewilligung vorliegt und die Hauserhaltung auch aus erhöhten Hauptmietzinsen nicht gedeckt werden kann. In diesem Fall muss eine Ersatzwohnung beschafft werden.

Interessensbescheid (Z 15)

Der Kündigungstatbestand ist erfüllt, wenn in einem vorher durchgeführten Verwaltungsverfahren mit Bescheid festgestellt worden ist, dass ein geplanter Abbruch oder Umbau im öffentlichen Interesse liegt. Hier ist ebenfalls eine Ersatzwohnung zu beschaffen.

Abbruch
oder Umbau

Ablehnung einer Standardverbesserung – nur für Hauptmieter (Z 16)

Eine Kündigung kann ausgesprochen werden, wenn sich der Mieter einer Wohnung ohne Wasser und/oder Klosett weigert, eine vom Vermieter angebotene Standardanhebung durchführen zu lassen und diese auch nicht selbst durchführt. Weiters muss dem Vermieter eine Enteignung nach dem Stadterneuerungsgesetz drohen. Auch hier muss eine Ersatzwohnung beschafft werden.

Nichtaufgabe der bisherigen Wohnung (§ 28 Wohnbauförderungsgesetz 1984)

Nach dem WFG 1984 und den Wohnbauförderungsgesetzen der Bundesländer muss ein Mieter, der eine geförderte Wohnung neu bezieht, seine bisherige Wohnung binnen sechs Monaten aufgeben. Andernfalls kann das Mietverhältnis über die neue (geförderte) Wohnung aufgekündigt werden.

Ersatzbeschaffung

Zumutbare Ersatzwohnung

Wie oben dargestellt, ist bei einigen Kündigungstatbeständen eine entsprechende Ersatzwohnung zu beschaffen. Die Ersatzwohnung ist dann entsprechend, wenn sie dem Mieter nach Größe, Ausstattung, Lage und Mietzinshöhe zumutbar ist. Sie muss der aufgekündigten Wohnung also nicht gleich, aber doch damit vergleichbar sein.

Im Zuge des gerichtlichen Kündigungsverfahrens sind vom Vermieter zwei entsprechende Ersatzwohnungen zur Auswahl anzubieten. Der Mieter kann stattdessen auch eine Entschädigung, die die Kosten der Beschaffung einer entsprechenden Wohnung abdecken würde, begehren. Ob die angebotene Ersatzwohnung entsprechend ist, entscheidet das Gericht. Nur im zutreffenden Fall ist die Aufkündigung für rechtswirksam zu erklären.

Vorzeitige Auflösung aus wichtigen Gründen (Typ I, II, III und IV)

Unter besonderen Bedingungen ist eine sofortige Auflösung des Mietverhältnisses, egal ob befristet oder unbefristet, möglich. Das gilt für alle Wohnungen.

Vertragsauflösung durch den Mieter

Den Mieter berechtigen folgende Gründe gemäß § 1117 ABGB zur vorzeitigen Vertragsauflösung:

- Die Wohnung wurde in einem unbrauchbaren Zustand übergeben und weist gravierende Mängel auf.
- Die Wohnung wurde während des Mietverhältnisses ohne Verschulden des Mieters unbrauchbar, etwa durch Brand oder Explosion.
- Das Wohnen im Mietobjekt ist gesundheitsschädlich, z.B. wegen Feuchtigkeit.
- Die Benützung der Wohnung wird durch das Verhalten des Vermieters oder anderer Hausbewohner unmöglich gemacht.
- Im Gegensatz zur Aufkündigung kann die vorzeitige Vertragsauflösung ohne Einhaltung besonderer Fristen erklärt werden. Sie kann gerichtlich (durch Klage auf Vertragsaufhebung) oder außergerichtlich (durch Mitteilung an den Vermieter) erfolgen.

Der Vermieter kann grundsätzlich gemäß § 1118 ABGB unter folgenden Umständen eine vorzeitige Vertragsauflösung vornehmen:

Vertragsauf- lösung durch den Vermieter

- bei grob ungehörigem Verhalten des Mieters
- bei erheblich nachteiligem Gebrauch des Mietgegenstandes
- bei einem qualifizierten Mietzinsrückstand (Rückstand, der trotz Mahnung mehr als eine Monatsmiete beträgt)

Diese Gründe für eine vorzeitige Vertragsauflösung sind gleichzeitig auch Kündigungsgründe. Es steht dem Vermieter daher frei, die Aufkündigung unter Einhaltung der Fristen vorzunehmen oder die Räumungsklage mit Erklärung der vorzeitigen Vertragsaufhebung einzubringen.

Bei befristeten Mietverhältnissen steht dem Vermieter kein gesetzliches Kündigungsrecht zu. Hat er auch kein vertragliches vereinbart, so kann er den Vertrag nur unter Berufung auf die Bestimmungen des § 1118 ABGB auflösen.

Trifft den Mieter kein grobes Verschulden am festgestellten Mietzinsrückstand, so kann er diesen noch während des Verfahrens begleichen, womit die Räumungsklage abgewiesen wird. Der Mieter hat jedoch die Verfahrenskosten des Vermieters zu ersetzen (gilt nicht bei Wohnungen Typ IV).

Einvernehmliche Auflösung – Räumungsvergleich

Eine einvernehmliche Auflösung des Mietverhältnisses als Vereinbarung beider Vertragspartner ist selbstverständlich jederzeit möglich – auch dann, wenn die ursprüngliche Vereinbarung anders gelautet hat, also beispielsweise eine längere Vertragsdauer vorgesehen war.

Beendigung durch Vereinbarung

Die einvernehmliche Auflösung kann auch mit einem gerichtlichen Vergleich, dem sogenannten Räumungsvergleich, dokumentiert bzw. bekräftigt werden. Der gerichtliche Räumungsvergleich hat jedoch zusätzlich prozessuale Folgen. Er stellt einen Titel dar, aufgrund dessen auch die Exekution geführt werden kann.

Verpflichtet sich etwa der Mieter in einem Räumungsvergleich zur Rückstellung der Wohnung bis zu einem bestimmten Termin, so kann der Vermieter bei Nichteinhaltung sofort die Exekution, hier die zwangsweise Räumung der Wohnung, bei Gericht beantragen.

Da mit derartigen Räumungsvergleichen immer wieder unzulässigerweise versucht wird, die vorgeschriebene Mindestmietdauer bei befristeten Verträgen zu umgehen, sind Räumungsvergleiche anlässlich von Mietvertragsabschlüssen und -verlängerungen nur beschränkt wirksam.

Nur in den Fällen einer für den Vermieter durchsetzbaren Befristung, z.B. drei Jahre bei einem Wohnungsmietvertrag, kann zur Bekräftigung der Parteienabsicht auch ein Räumungsvergleich wirksam geschlossen werden.

Erlöschen des Mietverhältnisses

Untergang der Wohnung

Durch Untergang (Zerstörung) der Wohnung erlischt das Mietverhältnis, sofern den Vermieter keine Pflicht zur Wiederherstellung trifft. Eine Wiederherstellungspflicht besteht nur für Wohnungen Typ I und II, wenn der Schaden durch Versicherungen gedeckt ist (§ 7 MRG).

Ebenso nimmt die Rechtsprechung ein Erlöschen des Mietverhältnisses beim rechtlichen Untergang eines Objektes an. Darunter ist beispielsweise ein baubehördlicher Abbruchauftrag – nicht zu verwechseln mit einer Abbruchgenehmigung – zu verstehen.

Durch Enteignung des Eigentümers erlöschen ebenfalls die Mietrechte am enteigneten Objekt. Die diesbezüglichen Spezialgesetze, z.B. das Stadterneuerungsgesetz, sehen jedoch in den meisten Fällen die Pflicht zur Beschaffung einer Ersatzwohnung vor.

Mietrechtsübergang – Typ I, II und III

Bei einem Mietrechtsübergang bleibt, im Gegensatz zur Auflösung des Mietvertrages, das Mietverhältnis bestehen. Es treten lediglich auf Mieterseite andere Personen in den Vertrag ein, was ohne Zustimmung des Vermieters – sogar gegen dessen Willen – geschehen kann. Einen neuen Mietvertrag abzuschließen, ist bei den im Folgenden angeführten Fällen nicht erforderlich. Vielmehr werden alle Rechte und Pflichten aus dem ursprünglichen Mietverhältnis auf den neuen Mieter übertragen.

Personenwechsel auf Mieterseite

Eintrittsrecht –
Mietrecht im Todesfall bei Typ I, II und III

Durch den Tod des Mieters wird das Mietverhältnis nicht aufgelöst! Folgende Personen, genannt Eintrittsberechtigte, treten gemäß § 14 MRG in das Mietverhältnis ein, sofern sie ein dringendes Wohnbedürfnis haben und schon bisher im gemeinsamen Haushalt mit dem Verstorbenen gewohnt haben (eine Mindestdauer des gemeinsamen Haushalts ist dabei nicht erforderlich):

- Ehegatte, eingetragene Partner, Geschwister, Verwandte in gerader Linie (Eltern, Kinder, Enkel, Wahlkinder)
- Lebensgefährte, auch gleichgeschlechtlicher

Als Lebensgefährte gilt, wer mindestens drei Jahre vor dem Tod des Mieters in dessen Wohnung in einer Haushaltsgemeinschaft gelebt hat, die in wirtschaftlicher Hinsicht einer Ehe gleichzusetzen ist. Weniger als drei Jahre genügen dann, wenn die Wohnung gemeinsam bezogen wurde.

Gibt es mehrere Personen, die die Voraussetzungen erfüllen (etwa Ehegatte und Kinder), so treten sie gemeinsam in das Mietverhältnis ein. Es gibt daher zukünftig mehrere Hauptmieter dieser Wohnung. Bei Wohnungen Typ II, die von einer Genossenschaft vermietet werden, kann die Genossenschaft verlangen, dass die Eintretenden auch Mitglied der Genossenschaft werden.

Gibt es keine Eintrittsberechtigten oder verzichten alle Eintrittsberechtigten auf die Fortsetzung des Mietverhältnisses, so geht dieses auf die Verlassenschaft des Verstorbenen über. Nur in diesem Fall steht dem Vermieter ein Kündigungsrecht zu.

Automatischer Mietrechtseintritt

Wollen die Eintrittsberechtigten die Wohnung nicht weiter nutzen, müssen sie dies binnen 14 Tagen nach dem Todesfall dem Vermieter bekannt geben. Andernfalls wird der Mietrechtseintritt automatisch vollzogen und damit auch die Haftung für Mietzins und Verbindlichkeiten, die während der Mietzeit des verstorbenen Mieters entstanden sind.

Aufgrund dieser gesetzlichen Bestimmung ist also für den Eintritt in das Mietverhältnis weder ein Anerkennen durch den Vermieter noch der Neuabschluss eines Mietvertrages erforderlich. Eine Sonderregelung gibt es für die Hauptmietzinsbildung bei Altverträgen über Wohnungen Typ I mit Mietbeginn vor dem 1. März 1994 (► Seite 103) und beim Entgelt älterer (ausfinanzierter) Genossenschaftswohnungen Typ II.

Abtretung der Mietrechte bei Typ I und II

Verlässt der Hauptmieter seine Wohnung, darf er seine Mietrechte an der Wohnung gemäß § 12 MRG an folgende Personen abtreten:

- An den Ehegatten bzw. eingetragenen Partner, wenn ein gemeinsamer Haushalt zwei Jahre bestanden hat. Diese Frist kann unterschritten werden, wenn die Wohnung gemeinsam bezogen oder der gemeinsame Haushalt seit der Eheschließung/Eintragung der Partnerschaft in dieser Wohnung geführt wurde.

- An Verwandte in gerader Linie (Eltern, Kinder, Enkel, Wahlkinder), wenn ein gemeinsamer Haushalt zwei Jahre bestanden hat. Diese Frist kann unterschritten werden, wenn die Wohnung gemeinsam bezogen wurde oder die Kinder seit ihrer Geburt in dieser Wohnung gewohnt haben.
- An Geschwister, wenn ein gemeinsamer Haushalt fünf Jahre bestanden hat; auch kürzer, wenn die Wohnung gemeinsam bezogen wurde.

Bei Wohnungen Typ II, die von einer Genossenschaft vermietet werden, kann die Genossenschaft verlangen, dass die Eintretenden auch Mitglied der Genossenschaft werden.

Der Vermieter muss von der Mietrechtsabtretung verständigt werden, und zwar am besten mit eingeschriebenem Brief. Der neue Mieter tritt in den alten Mietvertrag zu den bisherigen Bedingungen ein. Eine Sonderregelung gibt es allerdings für die Hauptmietzinsbildung bei Altverträgen über Wohnungen Typ I, bei denen der Mietbeginn vor dem 1. März 1994 liegt, und beim Entgelt älterer (ausfinanzierter) Genossenschaftswohnungen Typ II.

Verständigungspflicht

Die Gemeinde Wien hat ein sogenanntes „erweitertes Eintrittsrecht" für die Weitergabe von Gemeindewohnungen im engeren Verwandtenkreis eingeführt. Nähere Auskünfte darüber erteilt das Wohnservice der Gemeinde Wien (Adresse ▶ Seite 179).

Sonderfall: Seniorenwohnung

In die Wohnrechtsnovelle 2006 wurde eine neue Ausnahmeregelung für Mietverhältnisse über „Seniorenwohnungen" aufgenommen. Dabei handelt es sich um Wohnungen, die vom Mieter erst nach Vollendung seines 60. Lebensjahres angemietet wurden (Mietbeginn nach dem 30. September 2006). Der Wohnungszugang über die allgemeinen Hausteile sowie die Wohnung selbst müssen altengerecht (barrierefrei, entsprechende sanitäre Einrichtungen etc.) gestaltet sein. Der Vermieter muss sich überdies verpflichten, eine Grundversorgung mit sozialen Diensten bereitzustellen bzw. bei Bedarf zu organisieren.

Bei einem Mietvertrag über eine derartige Seniorenwohnung entfällt das Eintrittsrecht – unter Lebenden gem. § 12 MRG und im Todesfall gem. § 14 MRG – für Verwandte in absteigender Linie (Kinder, Enkel) und für Wahlkinder. Eintrittsberechtigt sind daher nur Gatte, eingetragener Partner, Lebensgefährte und Geschwister bei Vorliegen der allgemeinen Voraussetzungen.

Wohnungstausch bei Typ I und II

Gemäß § 13 MRG kann unter bestimmten Voraussetzungen die Zustimmung des Vermieters zu einem geplanten Wohnungstausch erzwungen werden. Die Rechtsprechung legt diese Bestimmung jedoch sehr restriktiv aus. Diesbezügliche Anträge, die im Außerstreitverfahren zu stellen sind, werden nur selten positiv beschieden.

Unter Wohnungstausch ist die wechselseitige Vertragsübernahme zweier Hauptmieter bezüglich ihrer Mietverhältnisse zu verstehen, wobei folgende Voraussetzungen erfüllt sein müssen:

Voraussetzungen für einen Wohnungstausch

- Beide Hauptmietwohnungen müssen unter Typ I oder II fallen. Bei Wohnungen Typ II, die nur an einen bestimmten Personenkreis vermietet werden, muss auch der Tauschpartner diesem Kreis angehören.
- Beide Wohnungen müssen in derselben Gemeinde liegen.
- Der bisherige Mieter muss die Wohnung bereits vor mehr als fünf Jahren gemietet haben.
- Gegen den Mieter darf keine Kündigungs- oder Räumungsklage gerichtsanhängig sein.
- Wichtige Gründe müssen den Tausch rechtfertigen. Dazu gehören soziale, gesundheitliche oder berufliche Gründe (beispielsweise: ein Gehbehinderter benötigt eine Parterrewohnung; Entfernung zwischen Wohnung und Arbeitsstätte).
- Die Wohnungen müssen den jeweiligen Wohnbedürfnissen der Tauschpartner entsprechen.
- Der Tausch muss dem Vermieter zumutbar sein.

• Der neue Mieter muss in Zukunft den entsprechenden Richtwerthauptmietzins, berechnet zum Zeitpunkt des Wohnungstausches, bezahlen und haftet für allfällige Mietzinsrückstände des bisherigen Mieters.

Die Gemeinde Wien hat für Gemeindewohnungsmieter zusätzliche Möglichkeiten zum Wohnungstausch geschaffen. Auskünfte darüber erteilen die Wohnungsberatungsstellen.

Ehewohnung im Scheidungsfall

Eine Wohnung, in der Eheleute den gemeinsamen Haushalt führen, wird als Ehewohnung bezeichnet. Im Zuge eines Scheidungsverfahrens können die Rechte an der bisherigen Ehewohnung durch das Gericht an den Partner, der bisher keine Mietrechte innehatte, übertragen werden (§§ 87ff. Ehegesetz). In den meisten Fällen kommt es aber zu einer einvernehmlichen Scheidung, wo die Eheleute selbst eine Vereinbarung über Vermögen, Ersparnisse, Schulden etc. treffen müssen. Darin sollte auch eine Regelung zur Ehewohnung getroffen werden – etwa eine Änderung der Mieterposition durch Abtretung der Mietrechte (▶ Seite 142).

Gerichtsbeschluss oder Scheidungsvergleich

Vertragliches Weitergaberecht

Das Weitergaberecht kann gesondert im Mietvertrag oder in einem eigenen Vertrag vereinbart werden. Es räumt dem Mieter das Recht ein, seine Mietrechte an eine andere Person – unter Umständen nach vorheriger Verständigung des Vermieters – zu übertragen. Liegt eine derartige Vereinbarung vor, so ist der Vermieter von einer Übertragung der Mietrechte nur zu verständigen (zum Umfang des Weitergaberechts ▶ Seite 51).

Aufkündigung von Untermietverhältnissen

Wie ein Hauptmietverhältnis kann auch ein Untermietverhältnis durch Kündigung beendet werden. Dabei ist zu beachten, dass ein Eigenbedarf des Untervermieters in einem Kündigungsverfahren zumeist leichter als bei einem Eigentümer durchgesetzt werden kann. Eine besondere Benachteiligung des Untermieters ergibt sich aus der Bestimmung, dass mit Beendigung des Hauptmietverhältnisses auch das Untermietverhältnis erlischt. Das heißt, eine rechtskräftige Aufkündigung bzw. ein Räumungsauftrag gegen den Hauptmieter ist gleichzeitig auch gegen den Untermieter wirksam. Zwar ist der Untervermieter verpflichtet, den Untermieter von einer erhaltenen Aufkündigung zu verständigen, doch passiert dies meist gar nicht oder zu spät.

In allen Fällen, in denen der Untervermieter seine Vertragspflichten nicht einhält, wird er dem Untermieter gegenüber schadenersatzpflichtig.

Für die Fälle, in denen ein Scheinuntermietverhältnis über Wohnungen Typ I und II vorliegt, besteht ein besonderer Räumungsschutz für den nominellen Untermieter, der ja in Wahrheit Hauptmieter ist. Gemäß § 34a MRG ist die Räumungsexekution aufzuschieben, wenn der Untermieter glaubhaft macht, dass damit seine Ansprüche auf Anerkennung als Hauptmieter umgangen werden sollen. Gleichzeitig muss der

Aufschub der Räumungsexekution

Während eines anhängigen Verfahrens auf Anerkennung als Hauptmieter besteht die Gefahr, dass der Hauseigentümer den Schein-Hauptmieter kündigt und ein Räumungsverfahren einleitet. Da der Untermieter von diesem Verfahren nicht verständigt wird, kann er seine Rechte zunächst auch nicht geltend machen. Um hier unangenehmen Überraschungen vorzubeugen, empfiehlt es sich, regelmäßig am zuständigen Bezirksgericht nachzufragen, ob zwischen den Antragsgegnern hinsichtlich der jeweiligen Wohnung ein Kündigungs- bzw. Räumungsverfahren anhängig ist. Dann kann nötigenfalls ein Antrag auf Aufschub der Räumungsexekution gemäß § 34a MRG gestellt werden.

Untermieter auch einen Antrag auf Anerkennung als Hauptmieter im Außerstreitverfahren stellen. Die Räumungsexekution wird damit bis zur Erledigung des Verfahrens aufgeschoben. Während dieser Zeit kann der Untermieter weiterhin die Wohnung benützen.

Investitionskostenersatz

Aufwandersatz für Typ I

Hat ein Hauptmieter in seiner Wohnung innerhalb der letzten 20 Jahre wesentliche Verbesserungen durchgeführt, die auch für einen Nachmieter nützlich sind , so kann er bei Beendigung des Mietverhältnisses vom Vermieter dafür einen Aufwandersatz beanspruchen (§ 10 MRG). Er kann sie auch dann gegenüber dem Vermieter geltend machen, wenn sie bereits von einem Vormieter durchgeführt und diesem abgelöst wurden. Die Nutzungsdauer durch diesen ist einzuberechnen.

Kein Anspruch besteht für Arbeiten, denen der Vermieter berechtigterweise nur unter der Bedingung der Wiederherstellung des früheren Zustandes zugestimmt hat. Ebenfalls kein Anspruch besteht, wenn die getätigten Aufwendungen schwere Mängel aufweisen bzw. keinen objektiven Nutzen für einen (durchschnittlichen) Nachmieter haben.

Auf diesen gesetzlichen Ersatzanspruch kann im Voraus nicht verzichtet werden, weshalb eine derartige Klausel im Mietvertrag unerheblich ist.

Ersatzfähige
Aufwendungen

Ersatzfähig sind nur folgende Arbeiten:

- Errichtung oder Umgestaltung von Wasser-, Strom- und Gasleitungen, Beheizungsanlagen und sanitären Anlagen sowie die Erneuerung einer bei Beginn des Mietverhältnisses vorhandenen, aber schadhaft gewordenen Heiztherme oder eines Warmwasserboilers
- gänzliche Erneuerung eines schadhaft gewordenen Fußbodens

- Wohnungszusammenlegung
- andere, gleich wesentliche Verbesserungen (energiesparende Investitionen), insbesondere solche, die von der öffentlichen Hand gefördert wurden

Die Höhe des Ersatzanspruches richtet sich nach den belegbaren Ausgaben, vermindert um eine Abschreibung für jedes seit der Investition vergangene Jahr:

Höhe des Ersatzanspruches

- Bei öffentlich geförderten Verbesserungen richtet sich die Abschreibungshöhe immer nach der Laufzeit der Förderung. Ein geförderter Zehnjahreskredit etwa führt zu 10 Prozent jährlicher Abschreibung.
- Bei durchgeführten Verbesserungen ohne Förderung, die zu einer der zwei oben erstgenannten Arbeiten gehören, beträgt die jährliche Abschreibung 10 Prozent.
- Bei allen anderen Arbeiten beträgt die jährliche Abschreibung 5 Prozent.

Der Ersatzanspruch muss – bei sonstigem Verlust – unter Vorlage der Rechnungen zu folgenden Zeitpunkten dem Vermieter schriftlich angezeigt werden:

- bei einvernehmlicher Auflösung spätestens 14 Tage nach Abschluss der Auflösungsvereinbarung
- bei Aufkündigung durch den Hauptmieter spätestens 14 Tage nach Zustellung der Aufkündigung an den Vermieter
- in allen übrigen Fällen: binnen zwei Monaten ab Vorliegen des rechtskräftigen Räumungstitels; bei früherer Zurückstellung der Wohnung spätestens zu diesem Zeitpunkt

Geltendmachung eines Aufwandersatzes

Entspricht die Form oder der Inhalt der Anzeige nicht den gesetzlichen Erfordernissen (es wurden z.B. nicht alle Rechnungen vorgelegt), muss der Vermieter den Mieter zur Verbesserung binnen einer Frist von mindestens 14 Tagen auffordern. Nur wenn der Mieter dieser Aufforderung nicht nachkommt, verliert er den Ersatzanspruch.

Bei Wohnungen Typ I ist der Investitionskostenersatz aber erst zur Zahlung fällig, wenn es zu einer Neuvermietung kommt. Wird die Wohnung nicht vermietet bzw. vom Vermieter auch nicht selbst genutzt, muss der scheidende Mieter binnen sechs Monaten nach Rückstellung der Wohnung einen Nachmieter namhaft machen, der bereit ist, den geforderten Aufwandersatz und den jeweils zulässigen Hauptmietzins zu leisten.

Weigert sich der Vermieter, den Aufwandersatz zu bezahlen, so kann dieser im Außerstreitverfahren geltend gemacht werden. Allerdings erst

- nach Ablauf von sechs Monaten ab Rückstellung der Wohnung, wenn innerhalb dieser Frist ein Nachmieter namhaft gemacht wurde – und zwar auch dann, wenn der Vermieter mit diesem keinen Mietvertrag abschließt; oder
- sobald der Vermieter die Wohnung vermietet oder sonstwie verwertet.

Bei Wohnungen Typ I besteht für den Vermieter die Möglichkeit, den bezahlten Aufwandersatz auf den Nachmieter zu überwälzen (§§ 10 und 27 MRG). Ausgeschlossen vom Ersatzanspruch sind:

- alle Arbeiten, die vom Mieter aufgrund seiner Erhaltungspflicht getätigt wurden
- alle Verbesserungen, denen der Vermieter berechtigterweise nicht zugestimmt hatte bzw. bei denen er seine Zustimmung von der Wiederherstellung des früheren Zustandes abhängig gemacht hatte
- alle Zahlungen, die anlässlich des Mietvertragsabschlusses getätigt wurden

Kein Anspruch

Aufwandersatz nach ABGB

Ein Aufwandersatz nach dem ABGB gilt als generelle Norm für alle Mietverhältnisse und ist nicht auf bestimmte Investitionen beschränkt. Für Wohnungen Typ III und IV sowie für Untermietverhältnisse ist dies die einzige Grundlage, einen Aufwandersatz bei Mietende geltend zu machen, wenn vertraglich sonst nichts vereinbart wurde. Die Regelungen des ABGB können jedoch im Mietvertrag zulässigerweise zum Teil ausgeschlossen werden (Vertragsfreiheit).

In den häufig verwendeten Mietvertragsformularen wird dieser Aufwandersatz regelmäßig ausgeschlossen. Mittlerweile liegen aber Entscheidungen des OGH vor, nach denen ein genereller Ausschluss von Ansprüchen auf Aufwandersatz im Mietvertrag rechtswidrig ist. Es wird daher im Einzelfall immer gesondert zu überprüfen sein, ob ein vertraglicher Ausschluss dieses Aufwandersatzes zulässig ist.

Folgendes sehen die gesetzlichen Bestimmungen vor:

Nützlicher und notwendiger Aufwand

- §§ 1036 und 1037 regeln den Anspruch auf Aufwandersatz bei der sogenannten Geschäftsführung im Notfall (beispielsweise Maßnahmen bei einem Brand) und bei der nützlichen Geschäftsführung (etwa Wohnungsrenovierung, wodurch der Wert der Wohnung steigt). In beiden Fällen ist davon auszugehen, dass der Vermieter keinen Auftrag gegeben hat und über den Ersatz keine Vereinbarungen bestehen.
- Die durchgeführten Arbeiten müssen jedoch notwendig und zweckmäßig (1. Fall) bzw. zum klaren und überwiegenden Vorteil des Vermieters (2. Fall) gewesen sein und spätestens sechs Monate nach Rückstellung der Wohnung im streitigen Verfahren eingeklagt werden.
- § 1097 regelt den Aufwandersatz für vom Mieter veranlasste Instandhaltungsarbeiten, zu deren Durchführung jedoch der Vermieter durch Gesetz oder Vertrag verpflichtet gewesen wäre (ernste Schäden des Hauses wie undichte Gassteigleitungen oder schadhafte Kamine und Ähnliches). Ein diesbezüglicher Ersatzanspruch kann bereits nach Abschluss der Arbeiten während des aufrechten Mietverhältnisses geltend gemacht werden.

Rückstellung der Wohnung

Bei Ende des Mietverhältnisses müssen Sie als Mieter die Wohnung an den Vermieter (Hausverwaltung) rückstellen. Diese Rückstellung des Mietobjektes geschieht durch Übergabe der Schlüssel, im Regelfall bei einem gemeinsamen Begehungstermin. Die Wohnung muss geräumt und besenrein übergeben werden. Geräumt bedeutet, dass sie grundsätzlich sämtliche beweglichen Sachen (auch Einbaumöbel), die sie in das Mietobjekt gebracht oder einem Vormieter abgekauft hatten, aus selbigem entfernen müssen.

Ist die Wohnung zum Rückstellungstermin nicht geräumt, kann der Vermieter die Übernahme der Schlüssel verweigern und auf der Entfernung der Gegenstände beharren. Verzögert sich die Rückstellung aus Gründen, die bei Ihnen liegen – etwa wegen der späteren Räumung –, so müssen Sie über das Vertragsende hinaus ein angemessenes Benützungsentgelt bezahlen. In den meisten Fällen wird dieses in der Höhe des bisherigen Mietzinses liegen.

Räumungsverpflichtung

Ist das Mietobjekt zum Rückstellungstermin nicht geräumt, so hat der Vermieter aber auch die Möglichkeit, die von Ihnen angebotenen Schlüssel unter Protest zu übernehmen und die Entrümpelung des Mietobjekts – meist werden nur wertlose Sachen zurückgelassen – selber in Auftrag zu geben. Die Entrümpelungskosten werden – wie auch das Benützungsentgelt – dann von Ihnen eingefordert bzw. mit der Kaution gegengerechnet.

Verkauf von Einrichtungsgegenständen

Ein Ersatz für Möbel oder sonstige Einrichtungsgegenstände – dazu gehören auch Einbauküchen – muss zwischen Vermieter und scheidendem Mieter gesondert vereinbart werden. Kommt eine Vereinbarung über den Möbelkauf nicht zustande und besteht der Vermieter auf deren Entfernung, müssen Sie die Gegenstände entfernen. Besprechen Sie dies daher zeitgerecht vor der Wohnungsrückstellung mit ihrem Vermieter, damit keine Zusatzkosten entstehen.

Der Mieter ist nicht berechtigt, die Wohnung ohne Zustimmung des Vermieters wesentlich umzubauen. Grundsätzlich ist die Wohnung so zurückzustellen, wie sie bei der Anmietung übergeben wurde. Die gewöhnliche Abnützung und unwesentliche Veränderungen während der Mietdauer bleiben dabei außer Betracht (Rechtsprechung zu § 1109 ABGB). Nur bei Wohnungen Typ I kann der Mieter auch gewisse wesentliche Veränderungen immer in der Wohnung belassen (▶ Seite 73).

Waren Sie verpflichtet, die mitvermietete Therme regelmäßig warten zu lassen, sollten Sie auch eine Kopie des letzten Befundes bzw. der letzten Rechnung über die Thermenwartung (Service) an den Vermieter übergeben. Andernfalls laufen Sie Gefahr, dass er eine Wartung auf Ihre Kosten durchführen lässt.

Schäden

Für Schäden, die über die gewöhnliche Abnützung hinausgehen, bzw. bei Rückstellung des Objektes in vertragswidrigem Zustand haftet der Mieter nach den Regeln des Schadenersatzrechts. Schadenersatzansprüche des Vermieters setzen neben einem Schaden auch ein Verschulden des Mieters voraus, wobei der Mieter auch für ein Verschulden von Mitbewohnern, Besuchern oder von ihm beauftragten Handwerkern einzustehen hat.

Haftung des Mieters

Bei der Berechnung der Schadenshöhe (z.B. Reparaturkosten) ist auf den Zeitwert der beschädigten Sache Bedacht zu nehmen. Wenn ein Schaden an der Wohnung nicht (zur Gänze) durch eine Kaution abgedeckt ist, muss der Vermieter den Schadenersatzanspruch innerhalb eines Jahres ab Rückstellung des Objektes gerichtlich geltend machen (§ 1111 ABGB), da sonst der Anspruch erlischt (Präklusion).

Befinden sich die Wände und Fußböden in einer ortsunüblichen Farbgestaltung (z.B. schwarz ausgemalte Wände), so muss der Vermieter dies nicht dulden. Er kann die Kosten der Neuausmalens als Schadenersatz geltend machen. Günstiger wird es für Sie sein, mit dem Vermieter bereits vor Rückstellung der Wohnung ein Einvernehmen darüber herzustellen, welche Veränderungen er als Schaden ansieht. Dann haben Sie selbst die Möglichkeit zur (kostengünstigeren) Schadensbehebung.

Kautionsrückzahlung

Für Wohnungen Typ I, II und III gilt die Bestimmung des § 16b MRG, wonach die Kaution samt den erzielten Zinsen unverzüglich nach Mietende an den Mieter zurückzustellen ist, wenn keine Forderungen des Vermieters bestehen.

Der Vermieter wird aber wohl einige Tage brauchen, bis er die Wohnung samt deren Einrichtungen von seinen Professionisten überprüfen lassen kann. Erst dann weiß er über allfällige vom Mieter verursachte Schäden und mögliche Kosten der Schadensbehebung Bescheid, um die Kaution (zumindest vorläufig) abzurechnen und rückzuerstatten. Werden die Heiz- und Warmwasserkosten nach dem Heizkostenabrechnungsgesetz (HeizKG) abgerechnet, kann bei einem Mieterwechsel eine Zwischenablesung vorgenommen werden. Die Abrechnung selbst erfolgt aber nur einmal jährlich. Für mögliche Nachforderungen daraus, wie für Betriebskosten bei Wohnungen Typ III, wird der Vermieter zunächst auch noch einen Teil der Kaution einbehalten.

Besteht über die Höhe des rückzuzahlenden Kautionsbetrages Uneinigkeit, insbesondere auch wegen Schadenersatzansprüchen, so entscheidet über Antrag die Schlichtungsstelle (das Gericht) im Außerstreitverfahren über die Höhe des Rückforderungsanspruchs.

Befristung und Beendigung bei Wohnungen Typ IV

Die Vermietung von Ein- und Zweifamilienhäusern nach dem 31. Dezember 2001 unterliegt auch nicht mehr dem Kündigungsschutz des MRG. Damit fallen jetzt viel mehr Vermietungen in die sogenannte ABGB-Miete = Typ IV (► Seite 42). Da das vermietete Einfamilienhaus der häufigste Anwendungsfall in dieser Gruppe sein wird, verwenden wir im Folgenden den Begriff „Einfamilienhaus". Selbstverständlich gelten diese Regeln aber auch für alle anderen Objekte, die unter Typ IV fallen. Bei Einfamilienhäusern gilt der Kündigungsschutz nicht. Es können unbefristete und

Allgemeines
Bürgerliches
Gesetzbuch

auch befristete Verträge, egal welcher Mietdauer, abgeschlossen werden. Es gibt auch keine Formvorschriften. Trotzdem sollten aus Beweisgründen schriftliche Mietverträge abgeschlossen werden.

Ein unbefristeter Vertrag über ein Einfamilienhaus kann von beiden Seiten ohne Angabe von Gründen unter Einhaltung der gesetzlichen Kündigungsfrist von einem Monat oder vertraglich vereinbarter längerer Fristen zum Monatsletzten aufgekündigt werden. Dieser Umstand führt dazu, dass hier für beide Vertragspartner die geringste Sicherheit gegeben ist. Da die gesetzliche Kündigungsfrist von einem Monat sehr kurz ist, um eine neue Wohnmöglichkeit zu finden, empfehlen wir, eine längere Kündigungsfrist (z.B. drei oder sechs Monate) vertraglich zu vereinbaren.

Ein befristeter Mietvertrag dagegen bindet beide Vertragspartner prinzipiell an die ursprünglich vereinbarte Mietdauer. Nur aus wichtigen Gründen (▶ Seite 138) kann einseitig eine vorzeitige Vertragsaufhebung begehrt werden. Zusätzlich kann aber auch bei befristeten Verträgen eine Kündigungsmöglichkeit aus bestimmten Gründen während der vorgesehenen Mietdauer vereinbart werden.

Die Vereinbarung einer Kündigungsmöglichkeit kann sowohl für den Vermieter als auch für den Mieter bei langfristigen Mietverträgen wichtig sein. Vielleicht müssen Sie als Mieter aus beruflichen Gründen in eine andere Stadt übersiedeln. Ist keine entsprechende Kündigungsmöglichkeit vereinbart, besteht die Verpflichtung zur Einhaltung der ursprünglich vereinbarten Mietzeit. Ohne Zustimmung des Vermieters kommen Sie aus dem Vertrag nicht heraus. Es ergeben sich daher die unterschiedlichsten Kombinationsmöglichkeiten aus den beiden Vertragstypen befristeter und unbefristeter Mietvertrag:

Vertragliche Gestaltung

Unbefristet. Es wird ein unbefristeter Mietvertrag mit einem Kündigungsverzicht des Vermieters und des Mieters („Mindestvertragsdauer") abgeschlossen: „Das Mietverhältnis wird auf unbestimmte Zeit abgeschlossen. Innerhalb der ersten drei Jahre des Mietverhältnisses verzichten der Vermieter und der Mieter auf eine Aufkündigung. Nach Ablauf der drei Jahre wird eine Kündigungsfrist von sechs Monaten vereinbart."

Befristet. Es wird ein befristeter Mietvertrag mit einer Kündigungsmöglichkeit aus bestimmten Gründen während der maximalen Vertragsdauer abgeschlossen: „Das Mietverhältnis beginnt am 1. Jänner 2016 und endet nach 10 Jahren am 31. Dezember 2025, ohne dass es einer Kündigung bedarf. Während der Vertragsdauer kann das Mietverhältnis vorzeitig unter Einhaltung einer dreimonatigen Kündigungsfrist zum Monatsletzten aus folgenden Gründen gekündigt werden: ..." Hier sind jetzt die möglichen Kündigungsgründe anzuführen – etwa: Von Mieterseite aus beruflichen Gründen (Ortswechsel) oder bei einer familiären Trennung. Von Vermieterseite bei Wohnbedarf wegen Familienzuwachs.

Vertragsende

Befristete Mietverträge über Einfamilienhäuser enden im Regelfall durch Zeitablauf. Das heißt, es ist keine gesonderte Aufkündigung notwendig. Bleibt der Mieter über den vereinbarten Zeitpunkt hinaus im Haus und nimmt der Vermieter weiterhin den Mietzins an, so wandelt sich das ursprünglich befristete in ein unbefristetes Mietverhältnis. Dieses kann dann aber ohne Angabe von Gründen unter Einhaltung der Kündigungsfrist gekündigt werden. Die Vertragspartner können natürlich auch ein neues befristetes Mietverhältnis vereinbaren.

Will der Vermieter sichergehen, dass das Mietverhältnis zum vereinbarten Termin endet, muss er vor Vertragsende einen gerichtlichen Übergabsauftrag (▶ Seite 166) beantragen. Ist dies nicht mehr möglich, kann er nach Vertragsende bei Gericht eine Räumungsklage wegen titelloser Benützung einbringen. Grundsätzlich ist diese binnen 14 Tagen nach Vertragsende einzubringen. Die Rechtsprechung lässt aber auch eine Räumungsklage zu einem etwas späteren Zeitpunkt zu, wenn der Vermieter bereits vor Vertragsende die Rückstellung gefordert hatte.

Räumungsklage

Kündigung

Bei unbefristeten Verträgen bedarf es einer Aufkündigung, um das Mietverhältnis zu beenden. Dafür gibt es keine gesetzlichen Formvorschriften, und die Aufkündigung muss auch nicht begründet werden. Aus Beweisgründen empfiehlt es sich aber, die Kündigung schriftlich mit eingeschriebenem Brief an den Vertragspartner zu senden. Räumt der Mieter das Haus nicht zum vorgesehenen Zeitpunkt, so muss der Vermieter auch in diesem Fall vor Gericht mit einer Räumungsklage wegen titelloser Benützung vorgehen.

Eine Kündigung ist die Erklärung eines Vertragspartners, das Mietverhältnis zu einem bestimmten Termin beenden zu wollen, die dem anderen Vertragspartner fristgerecht zukommen muss. Unter welchen Voraussetzungen überhaupt eine Kündigungsmöglichkeit besteht, haben wir bereits beschrieben (▶ Seite 154).

Fristgerechte Kündigung bedeutet, dass die Aufkündigung dem Vertragspartner so zeitgerecht zukommen muss, dass ihm gegenüber die gesetzliche – bei vertraglich anderslautender Vereinbarung genau diese – Kündigungsfrist gewahrt bleibt.

Eine verspätete Kündigung ist unwirksam

Das heißt, dem Vertragspartner muss nach Erhalt der Kündigung noch die volle Kündigungsfrist offenstehen. Kommt die Kündigung verspätet, so ist sie unwirksam. Sie wirkt auch nicht automatisch zum nächstmöglichen Kündigungstermin. Dies im Gegensatz zu verspäteten Kündigungen bei Wohnungen Typ I, II und III. Beim Einfamilienhaus muss daher eine neue Kündigung ausgesprochen werden!

Besondere Regelungen des ABGB

Für vermietete Einfamilienhäuser (Typ IV) gibt es besondere Regelungen. Wir haben hier die wichtigsten zusammengefasst.

Tod eines der Vertragspartner

Stirbt einer der Vertragspartner eines Mietvertrages über ein Einfamilienhaus, so wird das Mietverhältnis nicht aufgehoben, sondern es geht auf dessen Erben über. Dabei bleiben die Konditionen des Mietvertrages unverändert. Das heißt, dass die Mietzinshöhe, die Befristung und die übrigen Bedingungen gleich bleiben.

Wenn jedoch der Mieter stirbt und es sich um ein zu Wohnzwecken gemietetes Objekt handelt, so besteht sowohl für den Vermieter als auch für die Erben des Mieters die Möglichkeit, das Mietverhältnis ungeachtet einer vertraglichen Befristung aufzukündigen. Die Kündigungsfrist beträgt einen Monat. Allerdings gibt es hier – anders als nach den Bestimmungen des MRG – kein gesetzliches Eintrittsrecht für nahe Angehörige, die mit dem Verstorbenen im gemeinsamen Haushalt gewohnt haben.

Soll für einen derartigen Fall Vorsorge getroffen werden (z.B., dass beim Tod des Mieters das Mietverhältnis auf seine Gattin übergehen soll und nicht gekündigt wird), so ist dazu eine entsprechende Vereinbarung im Mietvertrag notwendig. Der Vermieter müsste dazu auf das Kündigungsrecht gemäß § 1116a ABGB vertraglich verzichten.

Verkauf der Liegenschaft

Auch beim Verkauf der Liegenschaft samt Einfamilienhaus sieht das ABGB eine Schlechterstellung des Mieters gegenüber dem Mieter einer Wohnung vor. Der Hauskäufer tritt zwar in den bestehenden Mietvertrag ein, allerdings kann er gemäß § 1120 ABGB aus Anlass des Erwerbs den Mieter ungeachtet einer vertraglichen Befristung kündigen (Grundsatz „Kauf bricht Miete"). Dies ist nur dann ausgeschlossen, wenn der Mietvertrag im Grundbuch angemerkt ist.

„Kauf bricht Miete"

Dabei ist aber folgendes zu beachten: Kommt es beim Mieter durch eine derartige Kündigung zu einem Schaden, so muss ihm sein Vermieter (der Verkäufer) Schadenersatz leisten. Besteht ein befristeter Mietvertrag, so hat sich der Vermieter verpflichtet, seinem Mieter für die vereinbarte Vertragsdauer die ungestörte Nutzung des Objekts zu ermöglichen. Verkauft er die Liegenschaft während der Dauer des Mietverhältnisses, so muss er seine mietvertraglichen Pflichten auf den Käufer überwälzen, um nicht selbst schadenersatzpflichtig zu werden. Dies geschieht dadurch, dass im Kaufvertrag ausdrücklich die Überbindung des Mietvertrags auf den Käufer vereinbart wird.

Dem Erwerber eines Einfamilienhauses steht der besondere Kündigungsgrund gemäß § 1120 ABGB nur dann nicht offen, wenn der Mietvertrag im Grundbuch angemerkt ist. Mietverträge können jedenfalls im Grundbuch angemerkt werden (als das Nutzungsrecht eines Dritten), um dem Mieter diesen Schutz zu geben.

Rechtsdurchsetzung – Verfahren

- Einteilung der Verfahren
- Außerstreitverfahren, Streitverfahren, Räumungsverfahren
- Zustellungen und Fristen

Einteilung der Verfahren

Wir haben bereits mehrfach auf die Rechtsdurchsetzung im Außerstreitverfahren bzw. im streitigen Verfahren verwiesen. Zur Erläuterung daher
an dieser Stelle ein kurzer Überblick.

Aufkündigung und Räumungsklage, die zum Wohnungsverlust führen
können, werden gesondert dargestellt.

Bei Prozessen vor Zivilgerichten, so auch in Wohnungssachen, gibt
es zwei Verfahrensarten: das streitige und das außerstreitige Verfahren.

Ungeachtet der Bezeichnung entscheidet in beiden Verfahren ein
Richter über widerstreitende Interessen. Welches Verfahren anzuwenden
ist, ergibt sich aus den jeweiligen Gesetzen.

Einige Unterschiede zwischen diesen Verfahrensarten sind:

Verfahrensarten

- Im Außerstreitverfahren wird ein Antrag gestellt; die Parteien
  sind Antragsteller und Antragsgegner. Im Streitverfahren wird
  eine Klage eingebracht; die Parteien sind Kläger und Beklagter.
- Das Außerstreitverfahren ist formloser und im Regelfall billiger
  als das Streitverfahren.
- Im gerichtlichen Außerstreitverfahren hat das Gericht die
  Möglichkeit, Verfahrenskosten nach Billigkeit festzusetzen
  und nicht dem Prozessgewinner alles zuzusprechen. Im Streitverfahren bekommt der Prozessgewinner seine Rechtsanwaltskosten dagegen zur Gänze vom Gegner ersetzt.
- Im Außerstreitverfahren ergeht die Entscheidung mit Sachbeschluss. Das Rechtsmittel dagegen heißt Rekurs. Im Streitverfahren wird über die Sache mit Urteil entschieden. Dagegen
  kann Berufung erhoben werden.

In Mietrechtssachen über Wohnungen Typ I und II gibt es eine Reihe
von Angelegenheiten, die in das besondere Außerstreitverfahren nach
dem Mietrechtsgesetz bzw. dem Wohnungsgemeinnützigkeitsgesetz verwiesen sind. Das sind Anträge zu folgenden Angelegenheiten (§ 37 MRG
und § 22 WGG):

- Überprüfung der Angemessenheit bzw. Zulässigkeit des Hauptmietzinses (der Entgelte), des Untermietzinses, der Anrechnung von Dienstleistungen auf den Hauptmietzins, des Entgelts für mitvermietete Einrichtungsgegenstände oder sonstige Leistungen
- Angemessenheit des Erhaltungs- und Verbesserungsbeitrags und Rückzahlung desselben sowie Bekanntgabe geplanter Erhaltungs- und Verbesserungsarbeiten
- Verteilung der Gesamtkosten auf die Mieter und Anteil eines Mietgegenstandes an den Gesamtkosten
- Feststellung des Anteils und der Höhe der Betriebskosten
- Rechnungslegung über Betriebskosten und Hauptmietzinse (Entgelte)
- Erhöhung der Hauptmietzinse (Entgelte) wegen Erhaltungsarbeiten
- Anerkennung als Hauptmieter
- Durchführung von Erhaltungs- und Verbesserungsarbeiten sowie Durchsetzung des Anspruchs auf Wiederherstellung
- Duldung von Eingriffen in das Mietrecht zur Durchführung von Arbeiten
- Durchsetzung der Anbotspflicht und Wohnungstausch
- Zustimmung zur Veränderung des Mietgegenstandes sowie Feststellung und Zahlung des Investitionskostenersatzes
- Rückzahlung der bei Mietbeginn geleisteten verbotenen Ablösen
- Höhe des rückzuzahlenden Kautionsbetrages – das gilt auch für Wohnungen Typ III(!)
- Feststellung des rückzuzahlenden Finanzierungsbeitrages (nur Wohnungen Typ II)
- Streitigkeiten über die Verteilung und Abrechnung der Heiz- und Warmwasserkosten nach dem Heizkostenabrechnungsgesetz

Wohnrechtliches Außerstreitverfahren

In das streitige Verfahren gehören:

- alle Aufkündigungen, Übergabsaufträge und Räumungsklagen
- Klagen auf Zahlung ausständiger Mietzinse
- Feststellung der Höhe von Mietzinsminderungsansprüchen bei (teilweiser) Unbrauchbarkeit der Wohnung
- Ansprüche auf Einhaltung des Mietvertrags

Streitiges Verfahren

- sämtliche Streitigkeiten aus Mietverhältnissen über Wohnungen Typ III und IV

Außerstreitverfahren – Typ I und II

Für die Entscheidung über diese Anträge ist das Bezirksgericht, in dessen Sprengel das Mietobjekt liegt, im Außerstreitverfahren zuständig. In Städten mit einem hohen Anfall an Mietrechtssachen sind bei der Gemeinde Schlichtungsstellen eingerichtet worden, in denen zunächst Beamte oder Angestellte der Gemeinde über die oben aufgeführten Anträge entscheiden.

Schlichtungsstellen gibt es in Wien (Magistratsabteilung 50), Graz, Salzburg, Linz, Innsbruck, Klagenfurt, Leoben, Mürzzuschlag, Neunkirchen, St. Pölten und Stockerau.

Wo Schlichtungsstellen eingerichtet sind, müssen die angeführten Anträge zuerst bei diesen eingebracht werden. Wo es keine Schlichtungsstelle gibt, ist der Antrag direkt bei Gericht einzubringen.

Schriftlicher Antrag

Ein mietrechtliches Außerstreitverfahren wird durch einen Antrag – am besten schriftlich mit eingeschriebenem Brief – eingeleitet. Der Antrag muss den Namen des Antragstellers und des Antragsgegners (im Regelfall ist das der Vermieter), eine kurze Darstellung des Sachverhalts und ein Begehren enthalten. Ebenso sollten ein Grundbuchauszug, die Kopie des Mietvertrags und, wenn es um Mietzinsangelegenheiten geht, auch die Mietzinsvorschreibungen bzw. Zahlungsbelege dem Antrag beigelegt werden. In diesem Verfahren braucht der Mieter keinen Vertreter. Er kann sich aber auch vertreten lassen, zum Beispiel von einer Mieterorganisation. Das Verfahren ist bei den Schlichtungsstellen kostenlos.

Im erstinanzlichen Verfahren vor dem Bezirksgericht sind jedenfalls die Gerichtsgebühren (derzeit 78,00 Euro) zu entrichten. Neben diesen Kosten können noch sogenannte Barauslagen, z.B. Gebühren für einen Dolmetscher oder Sachverständigen, und die gegnerischen Kosten für die Vertretung durch einen Rechtsanwalt, Notar oder Interessenvertreter anfallen. Über die Kostenverteilung zwischen den Verfahrensparteien entscheidet das Gericht nach Billigkeit. Dabei ist nicht nur der Grad des

Obsiegens bzw. Unterliegens zu berücksichtigen, sondern auch, in wessen Interesse das Verfahren geführt wurde und welcher nicht zweckentsprechende Verfahrensaufwand durch das Verhalten einzelner Parteien verursacht wurde. Ebenso ist bei der Kostenentscheidung zu berücksichtigen, ob eine Partei durch einen Kostenersatz an mehrere Verfahrensgegner (Mehrparteienverfahren) übermäßig belastet würde.

Das Bezirksgericht entscheidet in folgenden Fällen über einen Antrag im Außerstreitverfahren:

- In der Gemeinde gibt es keine Schlichtungsstelle. Der Antrag ist daher direkt beim Bezirksgericht einzubringen.
- Eine Partei des Verfahrens ist mit der Entscheidung der Schlichtungsstelle nicht einverstanden und begehrt die Entscheidung des Gerichts.
- Die Schlichtungsstelle entscheidet nicht binnen drei Monaten, wonach jede Partei des Verfahrens die Entscheidung des Gerichts begehren kann.

Gegen die Entscheidung des Bezirksgerichts kann Rekurs an die 2. Instanz, das übergeordnete Kreis- oder Landesgericht, gegen dessen Entscheidung unter Umständen Revisionsrekurs an den Obersten Gerichtshof (3. Instanz) erhoben werden. Die Rechtsmittelverfahren sind mit den doppelten (2. Instanz) bzw. den dreifachen Gebühren (3. Instanz) des erstinstanzlichen Verfahrens verbunden.

Instanzenzug

Streitiges Verfahren

Alle Rechtsstreitigkeiten, die nicht ausdrücklich in das Außerstreitverfahren gehören, sind im ordentlichen Rechtsweg auszutragen, das heißt mit Klage bei Gericht. Zuständig ist das Bezirksgericht, in dessen Sprengel das Wohnhaus liegt.

Auch im streitigen Verfahren am Bezirksgericht gibt es keinen Anwaltszwang. Lässt sich der Mieter jedoch vertreten und beträgt der Streitwert mehr als 5.000 Euro, so muss ein Rechtsanwalt vertreten (relativer Anwaltszwang). Im Rechtsmittelverfahren herrscht dagegen immer Anwaltszwang (absoluter Anwaltszwang). Kann sich der Mieter die Kosten eines Vertreters nicht leisten, so kann ihm über Antrag im Rahmen der Verfahrenshilfe auch ein Anwalt kostenlos beigestellt werden. Die Verfahrenshilfe übernimmt jedoch in keinem Fall die gegnerischen Kosten.

Aufkündigung

Die Aufkündigung von Mietverträgen (Haupt- und Untermietverträgen) durch den Vermieter kann bei Wohnungen Typ I, II und III nur gerichtlich erfolgen. Vom Bezirksgericht wird dem Kündigungsgegner die Kündigung mit dem Beschluss zugestellt, die Wohnung zum angegebenen Termin geräumt zu übergeben oder gegen die Aufkündigung binnen vier Wochen Einwendungen zu erheben.

Nur wenn der Mieter innerhalb dieser Frist beim Bezirksgericht Einwendungen (auch formloser Art) erhebt, wird eine Verhandlung ausgeschrieben. Das Gericht prüft die geltend gemachten Gründe, wobei die Beweislast immer bei der kündigenden Partei liegt.

Einwendungen gegen die Kündigung

Wird nach Erhebung von Einwendungen festgestellt, dass die geltend gemachten Kündigungsgründe zu Recht bestehen, so ist die Aufkündigung zu bestätigen. Über Antrag des Mieters kann aus wichtigen Gründen eine Verlängerung der Räumungsfrist bewilligt werden. Bestehen die Kündigungsgründe nicht, ist die Aufkündigung aufzuheben.

Eine Prüfung der Kündigungsgründe erfolgt natürlich nur bei Kündigungen des Vermieters über Wohnungen Typ I, II und III.

Werden keine Einwendungen erhoben, so wird kein mündliches Verfahren eingeleitet. Die geltend gemachten Kündigungsgründe werden daher auch nicht geprüft, und die Aufkündigung wird rechtskräftig. Sie bildet dann einen sogenannten Titel, aufgrund dessen die Räumungsexekution (Delogierung) beantragt werden kann.

Bei Kündigung wegen Zinsrückständen und strittiger Höhe des geschuldeten Mietzinses kann der Mieter eine Überprüfung im Außerstreitverfahren veranlassen. Das Kündigungsverfahren kann in diesem Fall vom Gericht bis zur Erledigung der Überprüfung unterbrochen werden.

Eine derartige Überprüfung ist aber nicht immer möglich: Soll der Hauptmietzins bei Wohnungen Typ I überprüft werden, kann dies nur innerhalb der dafür vorgesehenen Präklusivfristen (▶ Seite 99) beantragt werden. Nur die Überprüfung der Höhe der Betriebskosten(-nachzahlungen) kann jedes Jahr neu beantragt werden.

Weiters besteht bei diesem Kündigungsgrund die Möglichkeit, den geschuldeten Mietzins während des Verfahrens zu begleichen, um eine Aufhebung der Kündigung zu erreichen. Die Verfahrenskosten des Gegners muss der Mieter trotzdem tragen.

Räumungsklage

Eine Räumungsklage ist aus vier Gründen möglich:

- bei grob ungehörigem Verhalten seitens des Mieters
- bei erheblich nachteiligem Gebrauch des Mietgegenstandes
- bei einem qualifizierten Mietzinsrückstand – das ist ein Rückstand, der trotz Mahnung mehr als eine Monatsmiete beträgt
- bei titel- bzw. vertragsloser Benützung, etwa wegen Vertragsablaufs oder bei Nichtvorliegen eines Mietverhältnisses (z.B. Prekarium)

Die Räumungsklage wird der beklagten Partei meist gemeinsam mit der Ladung zur vorbereitenden Tagsatzung zugestellt. Erscheint die Partei nicht zu dieser Tagsatzung, so wird davon ausgegangen, dass sie das Klagebegehren nicht bestreitet. Dann ergeht ein sogenanntes Versäumungsurteil, das mit Widerspruch bekämpft werden kann.

Räumungsklage, Versäumungsurteil

Wird das Begehren bei der vorbereitenden Tagsatzung bestritten, so wird vom Gericht ein Verhandlungstermin anberaumt, das Beweisverfahren über das gegenseitige Vorbringen abgeführt und über die Klage mit Urteil entschieden.

Hinsichtlich der Räumungsklage wegen qualifizierten Mietzinsrückstandes gelten dieselben Bestimmungen wie bei der Kündigung.

Übergabsauftrag

Der Übergabsauftrag dient zur Durchsetzung der rechtzeitigen Übergabe der Wohnung bei Ablauf eines befristeten Mietverhältnisses, wenn keine Verlängerung erfolgen soll. Der Sinn dieses Übergabsauftrags besteht in der Hauptsache darin, dass der Vermieter nicht den Ablauf einer Befristung abwarten muss, um danach mit einer Räumungsklage vorzugehen, sondern sich bereits vor Ablauf des Mietverhältnisses die zeitgerechte Übergabe sichern kann. Der Übergabsauftrag kann frühestens sechs Monate vor Ablauf einer Befristung bei Gericht eingebracht werden.

Der Mieter kann dagegen binnen vier Wochen Einwendungen erheben. Das hat natürlich nicht viel Sinn, wenn der Mieter ohnehin auszuziehen beabsichtigt und auch von ihm allenfalls zustehenden Räumungsaufschüben im Delogierungsverfahren keinen Gebrauch machen will. Einwendungen sind jedenfalls dann zu erheben, wenn eine unwirksame Befristung (z.B. nur zwei Jahre) vereinbart wurde.

Räumungsverfahren

Nur das Gericht darf delogieren

Eine zwangsweise Räumung (Delogierung eines Mieters) darf nur aufgrund eines gültigen Exekutionstitels vom Gericht bewilligt werden. Ein solcher Titel ist entweder

- eine rechtswirksame gerichtliche Aufkündigung des Mietverhältnisses,
- ein rechtswirksamer gerichtlicher Übergabsauftrag,
- ein rechtskräftiges Urteil nach einer Räumungsklage,
- ein notariell geschlossener Vergleich oder
- ein rechtswirksamer Räumungsvergleich.

In der Aufkündigung oder im Urteil ist jeweils angegeben, bis zu welchem Zeitpunkt das Mietobjekt geräumt zu übergeben ist. Wenn der Mieter bis dahin nicht ausgezogen ist, kann der Vermieter die Räumungsexekution beantragen. Diese wird dann vom Gericht bewilligt und ein Delogierungstermin wird festgesetzt. Wurde die Räumungsexekution bewilligt, gibt es für den ehemaligen Mieter einer Wohnung Typ I, II oder III unter bestimmten Voraussetzungen noch die Möglichkeit eines Räumungsaufschubs gemäß § 35 MRG. Hier muss auf Mieterseite eine drohende Obdachlosigkeit vorliegen, und der Aufschub muss dem Vermieter zumutbar sein. Unzumutbar ist z.B. ein Räumungsaufschub bei Mietzinsrückständen.

Verfahrenshilfe

Ist eine Partei durch eine Klage und die damit verbundenen Verfahrens- und Rechtsanwaltskosten in ihrer Existenz gefährdet (z.B. bei einem sehr geringen Einkommen oder bei laufenden hohen Verpflichtungen wie etwa Unterhalt), besteht die Möglichkeit, beim Prozessgericht einen Antrag auf Verfahrenshilfe einzubringen – benötigt man dabei Hilfestellung, so kann man sich an den Amtstagen der Gerichte beraten lassen. Mitzubringen sind für einen solchen Antrag Nachweise über das Einkommen sowie über die Belastungen und Verpflichtungen (Mietzins, Kreditraten, Unterhaltszahlungen usw.).

Finanzielle und rechtliche Hilfe bei niedrigem Einkommen

Wurde dem Antrag stattgegeben, so wird kostenlos ein Rechtsanwalt beigestellt. Weiters umfasst die Verfahrenshilfe Barauslagen (z.B. Stempelmarken) und die Kosten eines Sachverständigen oder Dolmetschers – nicht aber die Kosten des gegnerischen Rechtsanwalts, falls man den Prozess verliert. Die Verfahrenshilfe gilt im Übrigen auch im Außerstreitverfahren.

Der Antrag auf Verfahrenshilfe hemmt die zu wahrenden Fristen so lange, bis ein Anwalt als Verfahrenshelfer bestellt ist oder der Antrag abgewiesen wird.

Zustellungen und Fristen

Zustellungen vom Gericht erfolgen in der Regel mit Rückscheinbrief (RSa- oder RSb-Brief) durch die Post. Bei Nichtantreffen des Empfängers wird das Schriftstück am Postamt zur Abholung hinterlegt. Ab da gilt die

Bei Urlaub zurück an den Absender

Bei längerer Ortsabwesenheit – etwa wegen Urlaub – beantragt man am besten bei der Post eine sogenannte Urlaubssperre. Schriftstücke werden dann nicht am Postamt hinterlegt, sondern mit einem entsprechenden Vermerk an den Absender zurückgesandt.

Vermutung der ordnungsgemäßen Zustellung, weil der Empfänger eine sogenannte Hinterlegungsanzeige erhalten hat. Beachtet der Mieter eine derart hinterlegte Briefsendung nicht, versäumt er womöglich wichtige Fristen, denn die Zustellung gilt mit der Hinterlegung als erfolgt!

Die Zustellung durch Hinterlegung ist jedoch nicht wirksam, wenn der Empfänger zu diesem Zeitpunkt nachweislich ortsabwesend war, beispielsweise auf Urlaub. Kehrt er innerhalb der Abholfrist zurück, gilt das Schriftstück mit diesem Tag als zugestellt. Der Fristenlauf beginnt daher erst mit dem Tag der Rückkunft.

Da das Gericht von derartigen Umständen keine Kenntnis hat, ist es wichtig, darauf gesondert hinzuweisen und entsprechende Beweismittel anzuführen (Flugtickets, Einreisestempel im Pass, Zeugen).

Wenn eine Partei eine Frist oder einen Verhandlungstermin, von dem sie ordnungsgemäß verständigt wurde, durch ein unvorhergesehenes oder unabwendbares Ereignis versäumt und sie an der Versäumung nur ein geringes Verschulden trifft, kann sie eine Wiedereinsetzung in den vorigen Stand beantragen. Dabei hat sie die Gründe für die Versäumung glaubhaft zu machen und gleichzeitig die versäumte Prozesshandlung nachzuholen (z.B. nun die Einwendungen zu erheben). Der Wiedereinsetzungsantrag muss binnen 14 Tagen ab Wegfall des Hindernisses gestellt werden.

Fristenlauf

Im Kontakt mit Behörden und Gerichten tauchen immer wieder ganz wesentliche Fragen in Zusammenhang mit dem Lauf von Fristen auf. Zur Klarstellung:

- Der Lauf einer Frist beginnt am Tag des auslösenden Ereignisses, z.B. der Zustellung der Aufkündigung.
- Bei Fristen, die nach Tagen berechnet werden, wird der Tag der Zustellung nicht mitgerechnet.
- Nach Tagen berechnete Fristen enden mit Ablauf des letzten Tages.
- Wochen-, Monats- und Jahresfristen enden mit Ablauf des letzten Tages, der dem Tag entspricht, an dem die Frist begonnen hat: z.B. Freitag bis Freitag, 1. Mai bis 1. Juni. Fehlt bei einer Monats- oder Jahresfrist der entsprechende Tag des letzten Monats, dann endet die Frist mit Ablauf des letzten Tages des betreffenden Monats (eine Monatsfrist beginnend mit 31. Jänner endet schon am 28. Februar).
- Samstage, Sonn- und Feiertage hindern weder Beginn noch Lauf der Frist. Fällt jedoch der letzte Tag auf einen Samstag, Sonn- oder Feiertag, so endet die Frist erst mit Ablauf des nächsten Werktages.

Da der Nachweis der Fristwahrung sehr wesentlich sein kann, sind für schriftliche Eingaben noch zwei Punkte zu beachten:

- bei Postaufgabe den Aufgabeschein mit einer Kopie des Schriftstückes aufbewahren
- bei persönlicher Abgabe am Gericht den Eingang auf der Kopie bestätigen lassen

Die wichtigsten Verfahrensfristen auf einen Blick

Außerstreitverfahren

- Anrufung des Gerichts nach Entscheidung der Schlichtungsstelle: vier Wochen
- Rekurs gegen einen Sachbeschluss des Bezirksgerichts: vier Wochen
- Rekurs gegen einen Beschluss des Bezirksgerichts: 14 Tage
- Rekursbeantwortung: zwei bzw. vier Wochen nach Zustellung des Rekurses der Gegenpartei

Streitiges Verfahren

- Einwendungen gegen gerichtliche Aufkündigung und Übergabsauftrag: vier Wochen
- Räumungsklage: Hier ist die vorbereitende Tagsatzung zu besuchen; versäumt man sie, ergeht in der Regel (muss vom Gegner beantragt werden) ein Versäumungsurteil, gegen das man binnen 14 Tagen Widerspruch bzw. binnen vier Wochen Berufung (durch einen Rechtsanwalt) erheben kann.
- Berufung gegen ein Urteil im Kündigungsverfahren oder Verfahren über eine Räumungsklage: vier Wochen, wobei die Berufung von einem Anwalt auszuführen ist
- Sonstige Klagen, z.B. wegen Mietzinsrückstand: Bei einem Streitwert unter 75.000 Euro erhält man einen sogenannten Zahlungsbefehl, gegen den binnen vier Wochen Einspruch zu erheben ist.
- Wiedereinsetzung in den vorigen Stand bei Versäumen einer Prozesshandlung: 14 Tage ab Wegfall des Hindernisses (also sobald man Kenntnis von einem anhängigen Prozess erhält, z.B. bei überraschendem Erhalt eines Delogierungsbescheides)

Alle oben genannten Fristen beginnen mit der ordnungsgemäßen Zustellung des den Fristenlauf auslösenden Schriftstückes (bzw. dessen Hinterlegung beim Postamt).

Der Poststempel zählt

Zur Wahrung einer verfahrensrechtlichen Frist kann jede schriftliche Eingabe an das Gericht am letzten Tag der Frist bei der Post eingeschrieben aufgegeben werden. Die Tage des Postlaufs werden bei der Fristberechnung nicht mitgezählt.

Service

Wichtige Begriffe von A – Z
Adressen
Stichwortverzeichnis

Es enthält die grundsätzlichen Bestimmungen des Privatrechts. Für den wohnrechtlichen Bereich ist das ABGB nur so weit anwendbar, als die Spezialgesetze keine eigenen Regelungen treffen.	**ABGB (Allgemeines Bürgerliches Gesetzbuch)**
Darin ist die Absicherung der von Wohnungswerbern geleisteten Zahlungen durch den Bauträger festgeschrieben. Weiters sind die grundlegenden Vertragsinhalte, die Rücktrittsrechte und die Gewährleistungsansprüche geregelt.	**BTV (Bauträgervertragsgesetz)**
Erhaltungs- und Verbesserungsbeiträge	**EVB**
Damit werden ausschließlich jene Unternehmen bezeichnet, die nach den Bestimmungen des WGG als gemeinnützig anerkannt worden sind. Es handelt sich dabei um Genossenschaften und Kapitalgesellschaften (Aktiengesellschaften und Gesellschaften mit beschränkter Haftung).	**GBV (Gemeinnützige Bauvereinigung)**
Dieses Arbeitnehmerschutzgesetz wurde eigens für die Dienstverhältnisse von Hausbesorgern geschaffen. Darin sind neben den Rechten auch die besonderen Pflichten eines Hausbesorgers geregelt.	**HBG (Hausbesorgergesetz)**
Hier sind neben den Abrechnungsvorschriften auch die wichtigen Bestimmungen über die Aufteilung der Kosten von zentralen Heizungs- und Warmwasserversorgungsanlagen enthalten.	**HeizKG (Heizkostenabrechnungsgesetz)**
Das MRG ist das wichtigste wohnrechtliche Spezialgesetz, in dem die Mieterschutzbestimmungen enthalten sind.	**MRG (Mietrechtsgesetz)**
Der OGH ist das österreichische Höchstgericht in Zivilrechtsangelegenheiten und damit auch in Wohnrechtsstreitigkeiten. Seine Entscheidungen sind Richtlinien für die Entscheidungen der Unterinstanzen.	**OGH (Oberster Gerichtshof)**
Hier finden sich die Bestimmungen zur Ermittlung des Richtwertes für die mietrechtliche Normwohnung. Der je Bundesland kundgemachte Richtwert ist Grundlage für den nach dem MRG zu berechnenden Richtwerthauptmietzins.	**RichtWG (Richtwertgesetz)**
Das WEG behandelt die Begründung von Wohnungseigentum und enthält Bestimmungen über die Beziehungen zwischen den Mit- und Wohnungseigentümern einer Liegenschaft.	**WEG (Wohnungseigentumsgesetz)**
Damit werden die Wohnbauförderungsgesetze des Bundes bezeichnet, die mittlerweile fast zur Gänze außer Kraft gesetzt wurden. Seit 1989 ist Wohnbauförderung Ländersache.	**WFG (Wohnbauförderungsgesetz)**
Hier sind einerseits Bestimmungen zur Anerkennung, Organisation und Geschäftstätigkeit gemeinnütziger Bauvereinigungen enthalten. Andererseits enthält das WGG auch wohnrechtliche Bestimmungen für jene Mietverhältnisse, bei denen eine derartige Bauvereinigung als Vermieterin auftritt.	**WGG (Wohnungsgemeinnützigkeitsgesetz)**
Sie enthält das Verfahrensrecht fürs Zivilgericht. Für das Wohnrecht besonders bedeutsam sind die §§ 560 bis 575 über die Aufkündigung und Beendigung von Mietverträgen.	**ZPO (Zivilprozessordnung)**

Verein für Konsumenten-information (VKI)	www. vki.at
	www.konsument.at Online-Ausgabe unseres Testmagazins KONSUMENT
	www.verbraucherrecht.at Neuigkeiten aus dem Rechtsbereich für Konsumenten
	Telefonische Erstberatung unter Tel. (01) 588 770, Mo – Fr 9 – 15 Uhr
	Für eine persönliche Beratung (Wien oder Innsbruck) vereinbaren Sie bitte einen Termin:
	Wien VKI-Beratungszentrum, Mariahilfer Straße 81 (Mo und Mi 9 – 18 Uhr, Di, Do, Fr 9 – 16 Uhr)
	Innsbruck Beratungsstelle, Maximilianstraße 9 (Mo – Do 8 – 12 Uhr) Tel. (0512) 58 68 78
Arbeiterkammern	Bundesarbeitskammer und Kammer für Arbeiter und Angestellte für Wien Prinz-Eugen-Straße 20-22, 1040 Wien Tel. (01) 501 65-0 E-Mail: akmailbox@akwien.at www.arbeiterkammer.at
Burgenland	Wiener Straße 7, 7000 Eisenstadt Tel. (02682) 740-0 E-Mail: akbgld@akbgld.at www.akbgld.at
Kärnten	Bahnhofplatz 3, 9021 Klagenfurt Tel. 050 477 E-Mail: arbeiterkammer@akktn.at http://kaernten.arbeiterkammer.at
Niederösterreich	AK-Platz 1, 3100 St. Pölten Tel. 05 7171 E-Mail: mailbox@aknoe.at https://noe.arbeiterkammer.at
Oberösterreich	Volksgartenstraße 40, 4020 Linz Tel. (0732) 6906 E-Mail: info@ak-ooe.at www.arbeiterkammer.com
Salzburg	Markus-Sittikus-Straße 10, 5020 Salzburg Tel. (0662) 8687-0 E-Mail: kontakt@ak-sbg.at www.ak-salzburg.at
Steiermark	Hans-Resel-Gasse 8-14, 8020 Graz Tel. 05 7799-0 E-Mail: info@akstmk.at www.akstmk.at
Tirol	Maximilianstraße 7, 6010 Innsbruck Tel. (0512) 5340 E-Mail: ak@tirol.com www.ak-tirol.com

Widnau 2-4, 6800 Feldkirch
Tel. (05522) 306-0   E-Mail: mailbox@ak-vorarlberg.at
http://vbg.arbeiterkammer.at

Österreichischer Verband
Gemeinnütziger Bauvereinigungen – Revisionsverband
Bösendorferstraße 7, 1010 Wien
Tel. (01) 505 58 24   www.gbv.at

Gemeinnützige Bauvereinigungen

Unter anderem können hier die Adressen aller gemeinnützigen Bauvereinigungen (nach Bundesländern geordnet) abgefragt werden. Aber auch wohnwirtschaftliche Daten werden hier übersichtlich dargestellt.

Bei diesen Organisationen werden in der Regel nur Mitglieder beraten und vertreten.

Mieter-, Eigentümer- und Siedlerorganisationen

Reichsratsstraße 15, 1010 Wien
Tel. 050195-92 000
E-Mail: zentrale@mietervereinigung.at   www.mietervereinigung.at

Mietervereinigung Österreichs

Mieter-Interessensgemeinschaft (MIG)
Antonsplatz 22, 1100 Wien
Tel. (01) 602 01 08
E-Mail: office@mig.at   www.mig.at

Mieter-Interessensgemeinschaft (MIG)

Lichtenfelsgasse 3, 1010 Wien
Tel. (01) 512 53 60   Fax (01) 512 53 60-10   E-Mail: service@mieterbund.at
www.mieterbund.at

Österreichischer Mieter- und Wohnungseigentümerbund (ÖMB)

Döblergasse 2, 1070 Wien
Tel. (01) 523 23 15
www.mieterschutzverband.at

Mieterschutzverband Österreich

Homepage der Stadt Wien
www.wien.gv.at/index/wohnen.htm

Stadt Wien

Zum Thema Wohnen finden Sie darin umfangreiche Informationen zur Hauptmietzinshöhe (Lagezuschlag, Kriterien für Zu- und Abschläge beim Richtwertmietzins), zu Beihilfen und Unterstützungen und alles über die Wohnbauförderung bzw. Wohnhaussanierung und geförderte Wohnungsverbesserung.

Wohnservice Wien
Vergabe von geförderten Wohnungen
Guglgasse 7–9, 1030 Wien
Tel. (01) 24 111
www.wohnservice-wien.at

Mieterhilfetelefon
Tel. (01) 4000-8000
www.mieterhilfe.at

Wohnbau-
förderungsstellen

Burgenland

Landesamtsdirektion, Raumordnung und Wohnbauförderung
Europaplatz 1, 7001 Eisenstadt
Tel. (02682) 600-2783   Fax (02682) 600-2060
E-Mail: post.wbf@bgld.gv.at   www.burgenland.at

Kärnten

Amt der Kärntner Landesregierung
Abt. 9 – Wohnungs- und Siedlungswesen
Mießtalerstraße 6, 9021 Klagenfurt
Tel. 050536-30901 oder -30902   Fax 050536-30900
E-Mail: post.abt9@ktn.gv.at   www.wohnbau.ktn.gv.at

Niederösterreich

Amt der NÖ Landesregierung, Abt. Wohnungsförderung
Landhausplatz 1, 3109 St. Pölten
Tel. (02742) 9005-0   Fax (02742) 9005-15800
E-Mail: post.f2auskunft@noel. gv.at   www.noel.gv.at

Oberösterreich

Amt der OÖ Landesregierung, Abt. Wohnbauförderung
Harrachstraße 16a, 4020 Linz
Tel. (0732) 77 20-14151   Fax (0732) 77 20-214395
E-Mail: wo.post@ooe.gv.at   www.ooe.gv.at

Salzburg

Amt der Salzburger Landesregierung, Abt. 10 – Wohnungswesen
Fanny-von-Lehnert-Straße 1, 5010 Salzburg
Tel. (0662) 80 42-3710   Fax (0662) 80 42-3888
E-Mail: wohnbaufoerderung@salzburg.gv.at   www.salzburg.gv.at   www.sir.at

Steiermark

Amt der steiermärkischen Landesregierung, A15 – Wohnbauförderung
Dietrichsteinplatz 15, 8010 Graz
Tel. (0316) 877-3719   Fax (0316) 877-3780
E-Mail: a15@stmk.gv.at   www.wohnbau.steiermark.at

Tirol

Amt der Tiroler Landesregierung, Abt. Wohnbauförderung
Eduard-Wallnöfer-Platz 3, 6020 Innsbruck
Tel. (0512) 508-2732   Fax (0512) 508-2735
E-Mail: wohnbaufoerderung@tirol.gv.at   www.tirol.gv.at/wohnbaufoerderung

Amt der Vorarlberger Landesregierung, Abt. IIId – Wohnbauförderung
Landhaus, 6901 Bregenz
Tel. (05574) 511-8080   Fax (05574) 511-23495
E-Mail: wohnbaufoerderung@vorarlberg.at   www.vorarlberg.at

Vorarlberg

Magistrat der Stadt Wien, Magistratsabteilung 50
Muthgasse 62, 1194 Wien
Tel. (01) 4000-74819 oder 74820
Fax (01) 4000-9974810   E-Mail: post@ma50.magwien.gv.at
www.wien.gv.at   www.wohnfonds.wien.at

Wien

Eine Liste aller Gerichtssachverständigen finden Sie
auf der Seite des BM für Justiz
www.justiz.gv.at/sdgliste

Sachverständige

Nur Experten können die Bausubstanz eines Hauses tatsächlich beurteilen.
Besonders bei Wohnungen aus dem Althausbestand ist es in vielen Fällen
ratsam, vor dem Kauf einen Spezialisten beizuziehen.

**Architekten
und Ingenieur-
konsulenten**

Bundeskammer der ZiviltechnikerInnen
Karlsgasse 9/2, 1040 Wien
Tel. (01) 505 58 07   Fax (01) 505 32 11
E-Mail: office@arching.at   www.arching.at

Bundesinnung der Immobilien- und Vermögenstreuhänder
Schloßgasse 13/2.3, 1050 Wien
Tel. (01) 522 25 92   Fax (01) 522 25 93
E-Mail: office@wkimmo.at   www.wkimmo.at

**Immobilienmakler und
Vermögenstreuhänder**

Bei der Bundesinnung können Sie ein Verzeichnis aller konzessionierten
Makler Österreichs anfordern.

Der Amtshelfer im Internet
www.help.gv.at

**Interessante
Links zu Wohnen
und Recht**

Parlament
www.parlament.gv.at
Parlamentarische Materialien und Gesetzesinitiativen

Bundes- und Landesgesetze im Internet
www.ris.bka.gv.at

Gerichtsentscheidungen
www.ris.bka.gv.at/jus
www.ogh.gv.at

Volksanwaltschaft
http://volksanwaltschaft.gv.at

Fair (ver)mieten, 3. Auflage

Alle grundsätzlichen Informationen zum
komplizierten österreichischen Mietrecht:
für Vermieter, die an einem fairen Interessen-
ausgleich interessiert sind, aber auch für Mieter,
die wissen möchten, was sie sich von ihrem
Vermieter erwarten dürfen.

ISBN 978-3-99013-044-5
160 Seiten, brosch., € 14,90
www.konsument.at/fairvermieten

Hausverwaltung im Eigentum

Das Buch informiert über rechtliche Rahmen-
bedingungen zwischen Eigentümergemeinschaft
und Hausverwaltung. Dazu gehören Spielregeln für
das Legen der Jahresabrechnung oder das Abhalten
von Hausversammlungen. Außerdem: Die wichtigsten Gerichtsentscheidungen geben Orientierung
im Konfliktfall.

ISBN 978-3-99013-047-6
180 Seiten, brosch., € 16,90
www.konsument.at/hausverwaltung

Vor Einbruch schützen

Aufklärung und Information zur effektiven Abwehr
von Dieben, Einbrechern und Räubern und ein
umfassender Überblick über mögliche Schutz-
maßnahmen und praktische Tipps für richtiges
Verhalten. Außerdem: Serviceteil mit Adressen
und Darstellung von Gaunerzinken.

ISBN 978-3-99013-068-1
192 Seiten, brosch., € 19,90
www.konsument.at/einbruch

Weitere KONSUMENT-Bücher
im Buchhandel oder im Online-Shop auf www.konsument.at

Das österreichische Testmagazin

Ihr Ratgeber für den täglichen Einkauf.
Jeden Monat mit Tests, Reports und Analysen.
Ohne Inserate, deshalb unabhängig von Firmen.
Nur dem Leser verpflichtet.

Beratung & Konsumentenschutz

Wir beraten Sie vor und nach dem Kauf.
Und helfen Ihnen, zu Ihrem Recht zu kommen.
In **Musterprozessen** zeigen wir Missstände auf.
Besserer Konsumentenschutz ist das Ziel.

Test-Urteile

Test ist nicht gleich Test.
Nur Konsumentenschutzorganisationen wie der VKI
prüfen nach international anerkannten Standards.
Deshalb ist auf unsere Testergebnisse Verlass.
Strenge Qualitätsrichtlinien zeichnen unsere Arbeit aus.

Wir sind für Sie da

Aboservice
Für Fragen zu Ihrem KONSUMENT-Abonnement, für Adressänderungen
sowie für Buchbestellungen wählen Sie Tel. 01 588 774
(Mo – Do 8 – 16 Uhr, Fr 8 – 14 Uhr)

Beratung
Die Experten unseres Beratungszentrums sind unter Tel. 01 588 77-0 erreichbar
(Mo – Fr 9 – 15 Uhr)

Persönliche Beratung
Wien: Mariahilfer Straße 81, Tel. 01 588 77-0
    (Terminvereinbarung Mo – Fr 9 – 16 Uhr, Kostenbeitrag 20 €)
Innsbruck: Maximilianstraße 9, Tel. 0512 58 68 78 (Mo – Do 8 – 12 Uhr)

Besuchen Sie uns im Internet **www.konsument.at**